커뮤니케이션 능력

커뮤니케이션이해총서

급변하는 커뮤니케이션 환경에서 새로운 지식에 대한 욕구가 높아지고 있습니다. 이러한 흐름에 발맞추어 하나의 커뮤니케이션 주제를 10개 항목으로 묶어서 달걀 꾸러미처럼 엮었습니다. 사회의 변화를 빠르게 알기 원하는 대중과 시대에 앞선 지식을 단시간에 알고자 하는 연구자, 실무자, 학생에게 도움이 되는 책입니다.

일러두기

- 인명, 작품명, 저서명, 개념어 등은 한글과 함께 괄호 안에 해당 국가의 원어를 병기했습니다.
- 외래어 표기는 현행 어문규정의 외래어표기법을 따랐습니다.

커뮤니케이션이해총서

커뮤니케이션 능력

강미선

대한민국, 서울, 커뮤니케이션북스, 2017

커뮤니케이션 능력

지은이 강미선
펴낸이 박영률

초판 1쇄 펴낸날 2017년 2월 27일
초판 2쇄 펴낸날 2022년 9월 30일

커뮤니케이션북스(주)
출판 등록 2007년 8월 17일 제313-2007-000166호
02880 서울시 성북구 성북로 5-11
전화(02) 7474 001, 팩스(02) 736 5047
commbooks@commbooks.com
www.commbooks.com

CommunicationBooks Inc.
5-11, Seongbuk-ro
Seongbuk-gu, Seoul, 02880, KOREA
phone 82 2 7474 001, fax 82 2 736 5047

이 책은 커뮤니케이션북스(주)가 저작권자와 계약해 발행했습니다.
본사의 서면 허락 없이는 어떠한 형태나 수단으로도
이 책의 내용을 이용할 수 없음을 알려드립니다.

ⓒ 강미선, 2017

ISBN 979-11-288-0013-9 04300
     979-11-288-0113-6 04300 (큰글씨책)

책값은 뒤표지에 표시되어 있습니다.

차례

커뮤니케이션 능력의 쟁점 vii

01 커뮤니케이션 능력의 다차원성 1
02 커뮤니케이션 능력 연구 11
03 표현 능력 19
04 스피치 능력 27
05 정서적 소통 능력 35
06 SNS 능력 43
07 비언어적 커뮤니케이션과 청취 능력 51
08 성향적 커뮤니케이션 능력 59
09 유사 커뮤니케이션 능력 65
10 종합적 커뮤니케이션 능력 73

커뮤니케이션 능력의 쟁점

"그 사람, 말 잘한다"는 표현은 흔해도 "커뮤니케이션을 잘한다"는 표현은 들어 보기 어렵다. 아직까지 우리 사회에 커뮤니케이션 능력에 대한 인식이 정착되지 못했음을 단적으로 보여 주는 예다. 말솜씨보다는 의사소통을 잘해야 가정생활도, 학교생활도, 사회생활도 성공적으로 이끌 수 있다. 언변이 좋다고 친구를 쉽게 사귀는 것은 아니다. 허나 의사소통을 잘하면 모든 사람이 친구하길 원하게 된다. 커뮤니케이션은 인간 생활의 알파이자 오메가다.

커뮤니케이션 능력의 개념

커뮤니케이션 능력은 반세기 이상 여러 학문 분야에서 연구돼 온 주제다. 인간의 커뮤니케이션 능력에 관심을 두는 전공은 너무나 많다. 미디어학, 광고·홍보학, 경영학, 심리학, 상담학, 교육학, 간호학, 의학, 보건학, 도서관학 분야에서 커뮤니케이션 능력에 대한 연구 논문을 발표하고 있다.

다양한 학문적 배경을 가진 탓에 커뮤니케이션 능력에

대한 개념 정의 또한 각양각색이다. 각 연구자는 관점과 전공에 따라 커뮤니케이션 능력을 임의적으로 혹은 부분적으로 해석하고 있다. '대인적 능력', '사회 관계', '대인적 관계', '대인적 기술', '커뮤니케이션 지식과 기술', '커뮤니케이션 유연성' 등 커뮤니케이션 능력과 동의어로 사용하는 용어가 너무 많아서 혼란스럽다. 연구자에 따라 자기가 사용하고 싶은 대로 용어를 사용하고 개념을 정의하다 보니, '장님이 코끼리 더듬듯' 커뮤니케이션 능력을 접근한다는 비판이 적지 않다. 커뮤니케이션 능력 연구 경향을 지칭하여 '이상한 나라의 앨리스'라고 부르기도 한다(McCroskey & McCrosky, 1988). 동화 제목이기도 한 이러한 표현에서 알 수 있듯이, 이상하리만치 신기하고 뒤죽박죽된 연구 전통을 꼬집은 것이다.

커뮤니케이션이란 원래 라틴어 'communicare'에서 유래한 것으로, 그 본질적 의미는 '공유하다'다. 이런 측면에서 커뮤니케이션을 정의하면, 자신의 생각과 감정을 전달하여 상대방과 의미를 공유하는 행동이라고 볼 수 있다. 자신을 표현하는 능력(자기 표현), 상대의 메시지를 '경청'하는 능력은 모두 커뮤니케이션 능력을 구성하는 핵심 요인이 된다.

커뮤니케이션은 감성을 교류하는 소통이기도 하다. 인

간 본성에 존재하는 가장 깊은 충동 중 하나는 '인정받는 사람'이 되는 것이다. '칭찬은 고래도 춤추게 한다'는 말처럼 칭찬과 격려, 위로를 표현하는 정서적 소통 능력을 커뮤니케이션 능력의 핵심으로 꼽는 견해도 많다. 주로 사회학, 심리학, 교육학, 간호학 분야에서 공감이나 정서적 지지 개념을 커뮤니케이션 능력의 요체로 파악한다.

개인이 생각과 감정을 전달하는 방법에는 언어적 표현과 비언어적 표현 두 가지가 있다. 그러므로 커뮤니케이션 능력은 말하기와 글쓰기를 이용한 언어적 표현과 함께 얼굴 표정, 몸짓 등 비언어적 표현을 포함한다. 말로는 '괜찮다'고 하지만 얼굴 표정에 수심이 가득하다면, 누구나 말보다는 표정을 더 신뢰할 것이다. 때로는 비언어적 커뮤니케이션이 언어적 표현 이상으로 메시지 전달력이 크다. 커뮤니케이션 능력자라면 상대의 비언어적 표현을 정확히 이해하고 비언어적 표현에 능숙해야 한다. 비언어적 표현은 대개 감성을 드러내는 것이어서, 양자의 연관성도 주목해야 한다.

다른 관점에서 커뮤니케이션을 정의하면, 상대방에게 영향을 미치기 위한 의사소통 행위다. 이러한 정의는 설득적 관점에 기반을 둔다. 어떤 목적을 가지고 대화에 임하는 경우 설득적 커뮤니케이션에 해당한다. 가령 첫 데

이트에서 상대의 호감을 사고자 할 때, 영업사원이 소비자와 만날 때, 정치인이 유권자에게 표를 호소할 때, 반대 의견을 가진 사람을 내 편으로 끌어들이려 할 때 설득적 커뮤니케이션을 구사하게 된다. 설득적 커뮤니케이션 상황에서는 타인과의 관계를 주도적으로 이끌어야 하고(관계 주도권), 대화 주제를 선정하고 흐름을 나에게 유리하게 만들어야 한다(대화 주도권). 또 상호작용의 시작과 끝을 내가 통제하며(상호작용 통제력), 양자 간 갈등이 있을 때 양보와 타협으로 해결점을 제시해야 한다(갈등해결 능력). 이 모든 것이 커뮤니케이션 능력의 구성 요인이다.

이상의 내용을 종합하면, 커뮤니케이션 능력이 다의적 개념으로 정의되는 근본적 이유는 연구자의 다양한 학문적 전통 때문이라기보다는, 커뮤니케이션이란 개념 자체가 포괄적이기 때문이라고 봐야 할 것이다. 인간의 모든 행동은 커뮤니케이션과 함께 진행되고, 커뮤니케이션의 결과이기도 하다. 이런 이유로 커뮤니케이션 능력을 '의사소통 능력'이라고 부르기엔 그릇이 작게 느껴진다. 커뮤니케이션 능력을 우리말로 번역하기가 어려워서, 이 책에서는 커뮤니케이션 능력이란 용어를 그대로 사용하였다.

커뮤니케이션 능력의 특징

커뮤니케이션 능력의 주요한 특징을 정리했다. 커뮤니케이션 능력을 공부하는 연구자나 학생 입장에서 궁금할 만한 쟁점이기도 하다.

커뮤니케이션 능력은 스피치 능력과 다르다

커뮤니케이션 능력은 언어적 능력과 구분되어야 한다. 말하기가 곧 커뮤니케이션은 아니다. 커뮤니케이션은 상대와의 상호작용을 통한 공감에 초점을 둔다. 반면 스피치는 일방적, 자기 중심적 말하기 능력에 가깝다. 스피치 교육은 대중 앞에서 연설을 잘하는 방법을 배운다. 그러나 커뮤니케이션 능력 교육은 사적 대화나 공적 토론 상황에서 상호작용을 통해 이해와 공감, 설득이나 협상, 갈등 해결, 리더십 등 개인의 사회적 역할을 다 할 수 있도록 지원하고, 대인관계를 발전시킨다.

커뮤니케이션 능력은 상황 의존적이다

커뮤니케이션 능력은 상황의 영향을 받는다. 상호작용이 일어나는 상황에 따라 개인의 커뮤니케이션 능력이 달라질 수 있다는 의미다. 공적 자리에서 토론은 잘하지만 일상 대화에서는 소심한 사람이 있는가 하면, 그 반대도 존재한다. 친한 친구와 둘이 대화하는 것은 즐기지만 새로운 사람을 만나면 대화하길 두려워하는 사람도 많다. 공적 상황인가 사적 상황인가, 대화 상대가 누구인가, 대화 참여 인원은 몇 명인가 등 환경적 조건은 개인의 커뮤니케이션 능력에 영향을 미치게 된다.

커뮤니케이션 능력은 문화 특수적이다
커뮤니케이션 행위는 문화적 상황에서 발현되는 문화 특수적 능력이기 때문에, 특정 문화에서 중요한 요소가 다른 문화권에는 중요하지 않을 수도 있다. 의사소통 행위는 그 국가의 사회적 규범과 보편적 가치를 반영하여 나타난다. 지난 수십 년간 지속되어 온 커뮤니케이션 능력 연구는 대개 서구권 개념을 바탕으로 한다. 연구 대상도 백인, 중산층, 미국인에 초점을 두었다(S-Charoengam & Jabin, 1999). 한국의 문화 현실에 맞는 커뮤니케이션 능력 연구와 교육이 절실한 이유다.

커뮤니케이션 능력은 개인의 타고난 성격과는 다르다
커뮤니케이션 능력은 개인의 타고난 기질이나 성향과 다르다. 사람의 기질은 쉽게 바뀌지 않는다. 평생 지속되고, 교육으로도 바꾸기 어렵다. 반면 커뮤니케이션 능력은 기술적 요소가 많아서 교육으로 개선되고 시간에 따라 변화한다는 것이 학계의 일반적 견해다(Rubin & Martin, 1994). 그러나 일부 학자는 대인적 관계를 목적으로 한 커뮤니케이션 능력은 개인의 성품적 요소가 관련되어 있다고 주장하기도 한다. 외향적 성격, 개방적 태도, 자신감, 유능감 등은 커뮤니케이션 능력에 영향을 미치는 성향적 특징이다. 학자들의 주장을 종합해 보면, 커뮤니케이션 능력은 교육으로 제고될 수 있는 것이지만, 개인의 성격도 어느 정도 영향을 미친다고 볼 수 있다.

커뮤니케이션 능력은 '효과적'이고 '적절해야' 한다

'커뮤니케이션 능력을 어떻게 평가하는가' 혹은 '능력이란 대체 무엇을 의미하는가'라고 물었을 때 많은 연구자가 '효과성'과 '적절성'을 제시한다. 효과성이란 커뮤니케이션 행동을 통해 목표한 바를 이루었음을 의미한다. 우월한 성과를 내는 것이라고 볼 수도 있다. 영업사원이 소비자를 설득하여 거래를 성사시켰다면, 혹은 회사 경영자가 커뮤니케이션 능력을 발휘하여 조직의 성과를 높이고 사원의 업무 만족도를 높였다면 커뮤니케이션이 효과를 거둔 것이고, 그 사람은 능력자라고 볼 수 있다.

적절성은 환경적 특성, 상황적 조건에 맞게 커뮤니케이

션을 했다는 의미다. 친구와 대화할 때와 직장 상사와 대화할 때 대화 주제, 대화 방식, 용어 사용을 구분해 변화시키는 것이다. 그러기 위해서는 사고가 유연해야 하고 행동도 유연해야 한다. 그래야 커뮤니케이션도 유연하게 전개할 수 있다. 커뮤니케이션 능력은 인지적 능력이기도 하고 행동적 능력이기도 하다.

결국 커뮤니케이션 능력자란 상황에 따라 유연하게 커뮤니케이션을 해서, 소기의 목적을 달성하는 사람이다.

대학의 커뮤니케이션 능력 교육

많은 선진국이 대학은 물론 초·중등교육에서 커뮤니케이션 능력을 학생들이 갖춰야 할 핵심 역량으로 규정했다. 즉, 세대와 전공을 초월해 모든 학생이 배워야 할 필수과목으로 본 셈이다. 그 일환으로 교과목 개발과 교습법 연구에 열중했다. 말하기와 글쓰기 등 기초적 커뮤니케이션 능력 교육을 비롯하여 법학, 의학, 마케팅 등 전문적 영역에서 필요로 하는 고차원적 커뮤니케이션 능력까지 과목을 세분화하여 교육하는 방안을 강구했다(오정숙, 2010). 미국 대학에서는 1970년대부터 비즈니스 커뮤니케이션, 조직 커뮤니케이션, 공공 스피치 등의 과목을 운영하고 있다. 국내 대학에서는 설득 커뮤니케이션, 스피치 커뮤니케이션, 프레젠테이션 기법, 소통과 미디어, 커뮤니케이션 능력 개발 등의 과목이 개설돼 있다.

오정숙(2010)은 국내 대학의 커뮤니케이션 능력에 대한 교수법 개발을 목적으로 다학제 간 연구를 실시했다. 교육학, 국어국문학, 신문방송학, 경영학, 심리학을 전공한 교수와 기업 전문가를 대상으로 설문조사를 실시했다. 대학생이 졸업 후 사회에 나갔을 때 어떤 커뮤니케이션 능력이 중요한지 구체적으로 분석했다. 중요도 순위에 따라 소개하면 다음과 같다. 여기서 제시하는 항목은 여러 전공의 전문가들이 평가한 것이어서, 신뢰도와 타당도가 높다(아래 서술한 능력 요소를 이 책 어느 부분에서 다루고 있는지도 함께 설명했다).

- 합의 도출 능력: 생각이나 이해관계가 다른 사람과 원만히 커뮤니케이션하여 입장을 조율하고, 협상을 성공적으로 이끌기 위한 능력이다. 이것은 '상호작용 통제' 혹은 '갈등 해결 능력'과 연결되는 요소다("종합적 커뮤니케이션 능력"에서 관련 내용을 정리했다).
- 매체 활용 능력: 인터넷, 휴대전화 등 뉴미디어를 이용하여 다양한 정보를 활용하는 능력이다. 좀 더 직접적으로 표현하면, '디지털 매체 활용 능력'이다

("SNS 능력"에서는 SNS상에서 커뮤니케이션 능력을 구성하는 핵심 요소 중 하나로 '디지털 기기 활용 능력'을 제시했다).

- 청취 능력: 상대방이 전달하려는 내용을 정확하게 이해하고 중요한 요점을 파악하는 능력이다("비언어적 커뮤니케이션과 청취 능력"에서 '진정한 청취'와 '유사청취'를 구분하여 상술했다).
- 내용 전달 능력: 화자가 메시지를 정확하게 전달하는 표현 능력이다(자신을 표현하는 능력은 "표현 능력"에서 정리했고, 대중 앞에서 연설이나 강연을 하는 스피치 능력은 "스피치 능력"에서 다루었다).
- 상황에 맞는 커뮤니케이션 능력: 다양한 커뮤니케이션 수단을 상황에 맞게 활용하는 능력이다. 이론적 개념과 연결하면, '커뮤니케이션 유연성'에 해당한다. 커뮤니케이션 유연성이란 대화 상황에 따라 커뮤니케이션 방식을 변화시키는 능력이다. 유연하게 행동하면 환경 적응력도 높아진다. 커뮤니케이션 능력의 핵심을 '유연한 커뮤니케이션'으로 제시하는 학자도 적지 않다(관련 내용은 "유사 커뮤니케이션 능력"에 담았다. 여기서는 커뮤니케이션 능력과 동의어 또는 유사어로 사용되는 몇 가지 개념을 제시했는데, 그중

의 하나가 바로 커뮤니케이션 유연성이다).
- 창조적 커뮤니케이션 능력: 개인이 창조적 능력을 발휘하여 메시지를 생산하거나, 창의성을 발휘하여 새로운 아이디어를 제시하는 능력을 의미한다. 개인의 창의적 사고를 강조한 것으로, 인지적 커뮤니케이션 능력에 해당한다. 인지적 커뮤니케이션 능력이란 개인이 대화 전, 대화 중간, 대화 후 시점에서 대화와 관련해 계획을 세우고, 숙고하고, 반성하는 정신적 과정을 종합한 개념이다("유사 커뮤니케이션 능력"에서 인지적 커뮤니케이션 능력을 소개했다). 또한 창의성은 개인의 성향이나 기질적 측면도 띤다(성향과 커뮤니케이션 능력의 관계는 "성향적 커뮤니케이션 능력"을 참고하면 된다).
- 대상에 맞는 커뮤니케이션 능력: 대화 상대의 인구학적 특성에 따라, 지식 수준에 따라 화법을 달리한다면 커뮤니케이션 능력자다. 나아가 전공에 따라 중시하는 커뮤니케이션 능력이 다르다. 경영학은 조직 관리에 필요한 능력을 강조하는가 하면, 간호학에서는 환자와 공감하는 능력이 중요하다("커뮤니케이션 능력 연구"에서 커뮤니케이션 능력에 대한 전공별 연구 경향이 어떻게 다른지 세분화하여 살펴봤다).

- 자신의 생각과 느낌을 표현할 수 있는 비언어적 표현 능력: 비언어적 커뮤니케이션 능력으로는 얼굴 표정을 비롯하여, 몸짓과 같은 신체 언어를 이용하는 것이다. 비언어적 소통은 언어적 소통 이상으로 진실한 의미를 전달한다는 점에서 중요한 커뮤니케이션 능력으로 간주된다(이 부분은 "비언어적 커뮤니케이션과 청취 능력"에서 소개했다).
- 공감 능력: 타인의 내면에 들어가 감정을 이해하고 지지하는 능력이다. 공감은 정서적 능력의 한 요소다("정서적 소통 능력"에서 공감과 연민을 포함해 정서적 지지 등을 정리했다).

커뮤니케이션 능력을 다룬 국내 서적 대부분은 커뮤니케이션 능력의 특정 부분에 초점을 두었다. '스피치 능력', '의사소통 능력', '리더십', '인간관계', '대화 능력'에 집중한 저술 또는 번역서들이다. 해당 영역에서 깊이 있게 정리한 것은 강점이지만, 커뮤니케이션 능력의 전체적 윤곽을 파악하는 데는 한계가 있다. 이 책은 커뮤니케이션 능력을 종합적으로 이해하는 데 초점을 두었다.

교양 수업이나 전공 수업에서 커뮤니케이션 능력을 공부하는 대학생이라면 참고서적으로 활용하면 좋을 것이다. 다른 전공에서는 커뮤니케이션 능력에 어떻게 접근하는지 궁금할 때도 이 책을 추천한다.

참고문헌

오정숙(2010). 커뮤니케이션 교육과정 개발을 위한 대학생의 커뮤니케이션 역량 규명 델파이 연구. ≪교육공학연구≫, 26권 2호, 241~266.

McCroskey, J. C., & McCroskey, L. L.(1988). Self-Report As an Approach to Measuring Communication Competence. *Communication Research Reports, 5*(2). 108~113.

Rubin, R. B., & Martin, M. M.(1994). *Development of a Measure of Interpersonal Communication Competence. Communication Research Reports, 11*(1), 33~44.

S-Charoengam, N., & Jabin, F. M.(1999). An Exploratory Study of Communication. Competence in Thai Organizations. *The Journal of Business Communication, 36*(4), 382~418.

01

커뮤니케이션 능력의 다차원성

혹자는 커뮤니케이션 능력을 '이상한 나라의 앨리스'라고 부른다. 그만큼 뒤죽박죽 난해하고 복잡한 개념이라는 의미다. 연구자의 전공과 관점에 따라 커뮤니케이션 능력을 자의적으로 혹은 부분적으로 해석하는 경향이 강하다. 커뮤니케이션을 효과적으로 수행하기 위해서는 언어적·비언어적 표현 능력, 정서적 소통 능력, 커뮤니케이션에 대한 지식과 기술 등 여러 가지 요소를 갖춰야 한다. 다차원적인 커뮤니케이션 능력의 개념을 살펴보았다.

커뮤니케이션 능력의 다의성

커뮤니케이션은 인생의 전 과정에서 이뤄지는 행위다. 커뮤니케이션 능력은 유아기는 물론 학교, 직장과 조직, 사회생활에서 반드시 필요한 자질이다. 신문방송학, 언어학, 심리학, 교육학, 의학, 경영학 등 다양한 학문 영역에서 관심을 두는 이유다. 커뮤니케이션 능력에 대한 연구는 1970년대부터 본격적으로 시작돼 지금까지 꾸준히 이어지고 있다.

커뮤니케이션 능력이란 커뮤니케이션을 효과적으로 혹은 적절하게 구사하는 개인의 역량을 의미한다. 그렇다면 커뮤니케이션이란 어떻게 정의할 수 있나? 커뮤니케이션은 다른 사람에게 정보나 감정 등 메시지를 전달하고, 의미를 공유하고, 상대방을 설득하거나 영향을 미치는 행위다. 이때 의사 표현 능력, 상대의 메시지를 이해하는 능력, 경청 능력, 대화 집중력, 메시지에 반응하는 능력이 필요하다. 대화 주도력, 대화 상대나 상황에 따라 커뮤니케이션을 변화시키는 유연성과 적응력, 갈등 통제력 등도 포함할 수 있다. 커뮤니케이션 능력이 워낙 광범한 역량을 아우르는 총체적 개념이기에, '의사소통 능력'으로 번역하기에는 다소 무리가 따른다. 이 책에서 커뮤니케이션 능력이란 용어를 그대로 사용한 이유다.

'커뮤니케이션 능력'을 키워드로 논문을 검색하면 여러 전공 분야의 논문이 나와서 한 번 놀라고, 커뮤니케이션 능력을 대체하는 용어가 많다는 점에 한 번 더 놀란다. '사회적 능력', '대인적 관계', '대인적 기술', '대인 과업적(interpersonal task domain) 능력', '커뮤니케이션 적응성', '커뮤니케이션 유연성', '커뮤니케이션 지식과 기술', '의사소통 능력', '대인적 소통 능력' 등이 커뮤니케이션 능력과 동의어로 사용된다.

커뮤니케이션 능력은 연구자의 학문 배경에 따라 언어적 관점, 대인적·사회적 관점, 도구적 관점에 따라 연구가 진행되고 있다. 관점에 따라 커뮤니케이션 능력에 대한 해석도 달라진다. 언어적 관점에서는 말하기와 쓰기 등 언어적 능력 또는 스피치 능력을 커뮤니케이션 능력으로 평가한다. 대인적·사회적 관점에서는 대인 관계를 형성·발전시킬 수 있는 관계적 능력에 초점을 둔다. 도구적 관점에서는 커뮤니케이션을 얼마나 효과적으로 혹은 효율적으로 구사하여 화자의 목적을 달성하는지에 초점을 둔다. 반세기를 연구해 왔지만, 아직까지 합의에 이르지 못한 개념이 커뮤니케이션 능력이다(Perotti & DeWine, 1987).

커뮤니케이션 능력에 대한 개념 정의

기초 능력

커뮤니케이션 능력은 시공간을 뛰어넘어 모든 인간이 갖춰야 한다는 점에서 기초 역량이라고 정의된다. 듀란과 스피츠버그(Duran & Spitzberg, 2014)는 개인의 기본적 역량을 몇 가지 범주로 구분하면서, 그 속에 사회적 기술 역량, 대인적 역량, 언어 역량, 커뮤니케이션 역량, 관계적 역량을 제시하고 있다. 누구나 갖추어야 할 기본적 능력에 커뮤니케이션 역량을 명시하면서, 동시에 사회적 기술, 대인적 역량, 언어적 역량을 포함하고 있는 점이 특이하면서도 혼란스럽다. 듀란과 스피츠버그는 각각의 능력 범주가 상호배타적이지는 않다는 점을 강조하는바, 서로 연결되어 있는 능력임을 인정한 셈이다.

기초 역량 측면에서 볼 때 커뮤니케이션 능력은 개인이 주변 환경에 효과적으로 적응하는 능력이다. 여기서 방점은 '적응하는'에 있다. '적응한다'는 의미는 개인이 의사소통을 상황과 맥락에 따라 유연하게 수행한다는 것이다. 적응력이 뛰어나면 대화 상대나 분위기, 대화 주제 등 환경적 맥락에 맞게 의사소통을 적절히 수행하게 된다(Duran & Spitzberg, 2014).

언어적 능력

의사소통에서 가장 기본이 되는 수단은 언어라는 점에서, 언어적 능력을 커뮤니케이션 능력으로 해석하는 관점이 있다. 정확하고 적절한 용어의 선택과 사용, 문법적 능력, 풍부한 어휘력, 프레젠테이션 능력, 스피치 능력 등이 언어적 능력을 판단하는 척도로 사용된다. 주로 어학과 교육학 분야가 언어적 능력에 관심을 둔다. 말하기와 글쓰기를 처음 배우는 아동의 커뮤니케이션 능력 개발을 목적으로 한 연구가 활발하다(임승렬·남연정·김정림, 2014).

언어적 능력을 강조한다고 해도 그것이 곧 말하기 능력을 의미하는 것은 아니다. 말하기 능력과 의사소통 능력은 구분되어야 한다. 말을 잘한다고 해서 효과적 의사소통이 되는 것은 아니다. 그보다는 화제에 대한 상대방의 이해력을 고려하여 효과적 언어를 사용해야 한다. 상대에 따라 난도를 조절해 메시지를 구사해야 한다.

인지적 능력

인지적 능력이란 자신의 커뮤니케이션 행동에 대한 사고 능력이다. 말하는 사람, 즉 화자는 자신의 의사소통이 계획대로 잘 진행되는지 관찰하고 조절하고 평가하는 인지적 과정을 거친다. 대화에 임하기 전에 무엇을 주제로 하면 좋을지 계획을 세우거나, 대화 도중에 내가 말한 내용에 대한 평가, 대화 후 대화 내용에 대한 성찰과 반성 등이 인지적 커뮤니케이션의 세부 항목이다. 의사소통을 위해서는 화자와 청자에게 요구되는 정신적 사고과정이 반드시 필요한데, 이와 관련된 것이 인지적 능력이다.

인지적 능력에는 사회적 지식, 맥락에 대한 지식이 포함된다. 긍정적 의사소통을 위해서는 상황적 맥락에 따라 무엇을 어떻게 말해야 하는지를 잘 고민해서 소통에 임해야 한다. 또 메시지의 효과적 전달을 위해서는 어떤 용어를 골라서 써야 할지, 무엇을 강조해야 할지, 강조점을 잘 드러내기 위해서는 어떤 문장을 구성해야 할지에 대한 계획과 판단이 필요하다. 이렇게 상황, 대화 상대, 이슈에 대한 지식과 사고, 계획을 수립하는 능력이 인지적 관점에서 본 커뮤니케이션 능력이다.

정서적 능력

커뮤니케이션은 서로의 감정을 교류하여 공감대를 넓혀가는 과정이다. 상황과 대상에 따라 적절하게 자신의 감정을 처리하고, 표현하고, 변화시키는 능력이 정서적 능력이다. 타인의 감정을 이해하고, 그러한 감정을 존중하고 지지하는 능력도 포함된다. 정서적 능력이 높을수록 자신의 정서를 잘 인식할 수 있고, 타인에게 자기 정서를 잘 표현함으로써 사회 적응력이 높아지고, 문제 해결 능력도 커진다. 타인의 정서를 정확히 파악해야만 타인의 정서에 적절하게 반응할 수 있고, 타인의 요구를 충족시키는 의사소통이 가능해진다.

정서적 능력은 부모와 자식 관계, 교우 관계, 교사와 학생 관계에서 특히 중요하다. 환자와 소통하는 간호학에서도 공감 능력을 핵심적 커뮤니케이션 능력으로 평가한다. 이런 이유로 여러 학문 분야에서 정서적 능력에 대한 연구를 활발하게 수행한다. 정서적 능력에는 사회적·정서적 지지, 공감·감정이입 등이 포함된다.

사회적·대인적 능력

사회적 능력과 대인적 능력은 구분해 사용하는 경우가 많지만, 내용이 서로 중복되거나 구분이 애매하여 이 책에서는 하나의 개념으로 정리한다. 굳이 사회적 능력과 대인적 능력을 구분한다면, 사회적 능력이 대인적 능력을 포괄하는 상위 개념이라고 이해하면 된다.

사회적 능력은 여러 종류의 하위 범주를 가진 거시적 개념이다. 개인에게 주어지는 사회적 역할은 각기 다르다. 한 여성이 가정 내에서는 엄마이자 주부이지만 집 밖에서는 직장인이고, 교회에서는 집사이고, 동호회에서는 회원일 수 있다. 각기 다른 사회적 역할이 주어질 때, 개인이 적절하고 효과적인 의사소통을 전개하여 사회적 관계를 잘 이끌어 가는 것이 사회적 능력이다.

대인적 능력은 (학자에 따라 이견이 있지만) 단일 차원적 구성체로 사회적 능력의 다면적 요소 중 하나로 볼 수 있다. 대인적 능력이란 '대인적 과업 영역(interpersonal task domain)'에 한정한 사회적 능력이다. 대인관계에서 발생하는 주요 쟁점 또는 상황을 대인적 과업 영역으로 제시하고, 거기에 얼마나 능력을 발휘하는지를 본 것이다. 대인 간 갈등이 생겼을 때 대처, 고객이 불합리한 요구를 했을 때 영업사원의 대응 능력이 대인 과업 영역이다.

위먼(Wiemann, 1977)은 커뮤니케이션 능력을 대인적 목적을 달성하기 위해 적절한 커뮤니케이션 행동을 선택하여 상호작용할 수 있는 대인적 능력으로 정의했다. 그는 대인적 능력을 상호작용 통제, 협동·지지, 사회적 긴장 완화, 감정 이입, 행동적 유연성 등 5개 요소로 구성했다. 버미터 등(Buhrmeter, et al., 1988)의 연구에서도 대인적 능력을 관계주도권, 자기공개, 부정적 주장력, 정서적 지지 표현, 갈등 통제 능력 등 5개 차원으로 구성했다. 이러한 5개 차원은 다른 학자들도 자주 인용하는 중요한 커뮤니케이션 능력이다.

참고문헌

임승렬 · 남연정 · 김정림(2014). 유아 의사소통능력 측정척도의 개발 및 타당화 연구. ≪유아교육학논집≫, 18(5), 53~77.

Buhrmeter, D., Furman, W., Wittenberg, M. T., & Reis, H. T.(1988). Five Domains of Interpersonal Competence in Peer Relationships. *Journal of Personality and Social Psychology, 55*(6), 991~1008.

Duran, R., & Spitzberg. B. H.(1995). Toward the development and validation of measure of cognitive communication competence. *Communication Quarterly, 43*(3), 259~282.

Perotti, V., & DeWine, S.(1987). Competence in Communication. *Management Communication Quarterly, 1*(2), Nov. 272~287.

Wiemann, J. M.(1977). Explication and test of a model of communicative competence. *Human Communication Research, 50*, 185~199.

02

커뮤니케이션 능력 연구

커뮤니케이션 능력은 다양한 학문 분야에서 관심을 갖는 연구 주제다. 경영학, 교육학, 심리학, 의학·보건 계열에서 커뮤니케이션 능력에 대해 연구 성과를 활발히 내고 있다. 전공 특성에 따라 커뮤니케이션 능력에 대한 이해와 연구 초점은 상이하다. 국내외 발표 논문을 중심으로 전공별 연구 경향을 살펴본다. 대표적으로 경영학, 교육학, 상담심리학, 문헌정보학, 의학·보건학 분야에서 수행된 커뮤니케이션 능력 연구의 경향을 소개한다.

경영학

미국의 경영대학에서는 1960년대부터 조직 관리 측면에서 커뮤니케이션 능력을 연구해 왔다. 특히 기업을 경영하기 위해서는 어떤 커뮤니케이션 능력이 필요한지에 주목했다. 기업 경영자에게 필요한 커뮤니케이션 능력을 교육하기 위해 비즈니스 커뮤니케이션, 조직관리 커뮤니케이션 과목 등을 개설하였다.

경영학을 전공하는 학생들이 가장 필요하다고 판단한 커뮤니케이션 능력을 조사한 결과는 다음과 같다. 우선순위별로 10개 항목을 제시한다(Reinsch & Shelby, 1997).

① 지금 무슨 일이 일어나고 있고, 어떻게 대응해야 하는가에 대한 상황 판단력
② 타인에게 영향을 미치고, 동의를 얻어내는 설득력
③ 나의 생각을 타인에게 분명히 제시하고 이해시키는 설명력
④ 자신의 신념을 주장할 수 있는 주장력
⑤ 커뮤니케이션 상황에서 자신의 예민한 신경을 통제하는 자제력
⑥ 나의 능력에 대한 자신감
⑦ 타인의 부적절한 행동에 대처하는 능력

⑧ 타인의 분노에 적절히 대응하는 능력
⑨ 공적인 스피치 능력
⑩ 효과적 글쓰기 능력

교육학

교육학 분야에서는 유아, 청소년, 대학생 등 연령별로 필요한 커뮤니케이션 능력에 대한 연구가 진행된다는 점이 특징이다. 특히 유아기는 언어를 배우는 시기고, 또래 친구들과 사회적 관계를 배우는 단계기 때문에 의사소통 능력에 초점을 둔 연구가 많다. 임승렬 등(2014)은 유아의 의사소통 능력을 종합적으로 조망한다는 취지에서 세 가지 하위 영역을 제시했다.

첫째, '언어 능력'은 전통적으로 연구가 가장 많이 진행되어 온 분야로, 구사하는 어휘 수, 자신의 생각을 여러 사람 앞에서 명확히 표현하는 능력 등을 포함한다. 둘째, '인지 능력'은 몸동작의 의미 이해, 선생님이 들려준 이야기를 기억하는 능력, 과거 경험을 기억해 말하는 능력 등을 포함한다. 셋째, '사회정서적' 능력은 공감, 상대에 대한 지지, 자신감을 포함한다.

임승렬 등의 연구 결과, 유아의 의사소통 능력 중 설명력이 가장 큰 요인은 '사회정서적 능력'으로 나타났다. 이를 통해 유아의 의사소통 교육을 위해서는 타인의 감정을 공감하고 수용하며 반응할 수 있는 정서적 능력을 키우는 것이 중요하다는 점을 제시했다.

상담심리학

상담심리학에서는 커뮤니케이션 능력의 주요 구성 요소 중 하나인 '사회적 지지' 측면에 초점을 둔 연구가 활발하다. 사회적 지지란 한 개인이 자신과 가까운 사람에게서 제공받는 도움이나 칭찬, 격려 등 긍정적인 모든 자원을 의미한다. 그러나 사회적 지지 개념은 커뮤니케이션 능력만큼이나 학자에 따라 개념 정의가 다양하다.

사회적 지지 연구에서 나타난 일반적 경향은 다음과 같다. 첫째, 사회적 지지를 기능별로 세분화하여 물질적 지지, 정서적 지지, 정보적 지지가 개인에게 주는 혜택이나 긍정적 효과를 분석하는 실증적 연구가 많다. 둘째, 청소년과 성인은 지지의 원천이 다르다. 청소년은 가족, 선생님, 친구에게서 지지를 받지만, 성인은 가족, 친구, 주변사람에게서 지지를 받는다. 그러나 가장 중요한 지지 원천이 가족과 친구라는 점은 공통된다(유은정·설현수, 2015).

사회적 지지는 개인의 심리적 건강, 우울감이나 스트레스 등 부정적 정서 해소, 학교생활 적응, 학업 성적에 긍정적 영향을 미친다.

문헌정보학

도서관 관리자에게 커뮤니케이션 능력은 필수 경영 자질이다. 조찬식·최항석(2014)의 연구는 도서관 관리자의 커뮤니케이션 능력을 언어적 능력과 비언어적 능력으로 나눠 접근했다. 언어적 능력은 상사의 업무에 대한 설명 능력, 부하 직원에 동조하는 표현 등을 포함한다. 비언어적 능력은 신체 언어(얼굴 표정, 시선 접촉, 몸짓 등)와 공간적 거리를 포함한다. 가령 상사가 직원과 대화할 때 적절한 손동작을 사용한다든가 시선을 맞추는 행위, 고개를 끄덕이는 것 등이 비언어적 커뮤니케이션이다.

사서를 대상으로 한 설문조사 결과, 도서관 관리자의 언어적, 비언어적 커뮤니케이션 능력이 뛰어날수록 조직 관리에 긍정적 영향을 미쳤다. 소속 팀의 성과에 자부심을 갖는 등 직원의 주관적 직무 평가가 좋았다. 특히 도서관 관리자의 비언어적 능력이 언어적 능력보다 더 큰 영향을 미친 점은 특기할 만하다. 도서관 관리자의 언어적 능력이 높을수록 직원이 지각하는 역할 갈등은 적었다. 도서관장의 언어적 능력이 우수하면, 객관적이고 명확한 사실을 직원에게 전달하여 직원을 설득시키는 데 도움이 되었다. 직원이 해야 할 바를 명확하게 하여 업무와 관련한 역할 갈등을 감소시켰다. 결국 도서관장의 커뮤니케이션 능력은 직원의 업무 이해도, 직무 만족도, 직무 태도 전반에 걸쳐 효과를 거뒀다. 그런 점에서 커뮤니케이션 능력은 리더십과도 긴밀하게 연결된다.

의학·보건학

의학·보건학 계열에서는 자폐증과 같이 특정 질병과 커뮤니케이션 능력의 관련성을 연구하는 논문을 많이 찾아볼 수 있다. 자폐 질환은 의사소통과 사회화에서 장애를 동반하는 질환이다. 커뮤니케이션 능력은 자폐 환자의 증세를 진단하고 사회적 적응을 돕는 차원에서 연구가 진행되고 있다(Klin, et al., 2007).

간호학에서도 커뮤니케이션 능력에 대한 연구 논문이 적지 않다. 간호사는 환자와 커뮤니케이션하는 역량이 필수로 요구되기 때문이다. 임숙빈(2008)의 연구에 따르면 환자와의 관계에서 특히 중요한 능력 요소는 '공감적 경청' 능력과 환자의 말에 즉각적으로 반응을 보이는 '피드백' 능력으로 나타났다.

그밖에도 병원이라는 조직의 특수성 측면에서 커뮤니케이션 능력을 분석한 논문도 있었다. 병원은 환자와 보호자, 간병인, 의사, 간호사, 물리치료사, 작업치료사 등 다양한 직종이 모여서 운영되는 조직이기 때문에 일반 직장인보다 스트레스가 심하다는 특징을 띤다. 병원 종사자는 환자와 보호자를 상대로 하는 대인 서비스 업무를 하는 것이어서, 인간관계에서 오는 스트레스도 크다. 이러한 배경에서 이종민(2013)은 작업치료사를 대상으로 해서 대인적 능력과 스트레스의 상관성을 분석했다.

참고문헌

유은정 · 설현수(2015). 사회적지지 척도의 요인구조 탐색.
≪조사연구≫, 16권 1호, 155~184.
이종민(2013). 작업치료사의 대인관계능력 및 의사소통능력이
직무스트레스에 미치는 영향. ≪대한인지재활학회지≫, 2권 1호, 81~96.
임숙빈(2008). 환자 · 간호사 커뮤니케이션 스킬.
『한국스피치커뮤니케이션학회 학술대회 논문집』, 149~151.
임승렬 · 남연정 · 김정림(2014). 유아 의사소통능력 측정척도의 개발 및 타당화 연구. ≪유아교육학논집≫, 18권 5호, 53~77.
조찬식 · 최항석(2014). 도서관 관리자의 커뮤니케이션 능력이 직원들의 주관적 직무성과와 역할갈등에 미치는 영향.
≪한국문헌정보학회지≫, 48권 2호, 399~414.
Klin, A. et al.(2007). Social and Comm Abilities and Disabilities in Higher Functionig Individuals with Autism Spectrum Disorders. *J Autism Dev Disord, 37*, 748~759.
Reinsch, Jr., & Shelby, A. N.(1997). What Communication

Abilities Do Practitioners Need: Evidence from MBA Students. *Business Communication Quarterly, 60*(4), 7~29.

03

표현 능력

의사소통 영역은 표현과 이해 영역으로 구분할 수 있다. 표현은 말과 글을 통해 생각과 감정, 정보를 전달하는 행위다. 이해는 상대가 표현한 내용에 대한 의미를 파악하는 것이다. 커뮤니케이션이 자신의 생각과 감정을 상대방에게 전달하는 행위라는 점에 비추어 보면, 자기표현은 커뮤니케이션의 본질에 가장 가깝다. 자신을 표현하려는 욕구는 모든 인간의 본성이기도 하다.

자기표현 능력

자기표현의 대상

표현의 대상에는 네 가지가 있다(McKay, et al., 1999).

- 관찰: 자신이 보고 듣고 경험한 것.
- 생각: 경험이나 사물을 관찰한 것에서 나온 추론이나 결론.
- 감정: 마음에서 나오는 즐거움, 기쁨, 두려움, 슬픔 등 정서적 반응
- 주장과 요구: 내가 원하는 것, 내게 필요한 것.

우리는 유아기부터 자신을 표현하는 방법을 교육받지만, 성인이 되어서도 성숙한 표현 능력을 갖추기는 쉽지 않다. 자신이 관찰하거나 경험한 것을 표현하기는 상대적으로 쉽지만 감정을 표현하기는 어렵다. '주장'과 '요구'는 표현하기가 더 어려울 수 있다. 상대가 기분 나빠 할까 봐 두려울 때, 혹은 뭔가를 요구하는 것은 당돌하다는 선입견이 작용할 때 더욱 어렵다. 이 때문에 요구는 오래 참다가 분노와 함께 폭발하는 경우가 적지 않다.

자신이 원하는 것을 분명하게, 그리고 우호적으로 주장하거나 요구하는 것은 중요하다. 자기표현을 잘한다는 것

은 상대의 권리를 침해하거나 불쾌하게 하지 않으면서 자기의 생각이나 의견, 신념을 잘 표출하는 것이다. 자기표현이 서툰 사람은 마음속에 표현하고 싶은 것이 있어도 나타내지 못하거나, 간접적으로 돌려서 말한다. 결국 자기표현 능력은 능력의 유무로 평가하는 것이 아니고, 얼마나 적극적인가 소극적인가에 달려 있다.

효과적 표현의 조건

효과적 표현의 조건은 다음과 같다(McKay, et al., 1999).

표현은 직접적이어야 한다. '직접적'이란, 어떠한 '가정'도 만들지 않는다는 의미다. 내가 무엇을 원하는지, 무엇을 생각하는지 상대가 알고 있다고 가정하지 말아야 한다. 반대로 간접적 표현은 둘러서 이야기하거나, 힌트를 주거나, 결국에는 알아차릴 것이라고 생각하면서 부분적으로만 이야기하는 방법이다. 이런 경우 청자는 화자의 말뜻을 잘못 이해하거나 힌트를 무시할 가능성이 커진다.

표현은 즉각적이어야 한다. 내가 화가 났거나 대답을 기다리는 상황에서 상대가 즉각적 대답을 미루면 감정은 더 나빠진다. 이 경우 분노가 누적되어서 어떤 순간 사소한 일에도 폭발하게 된다. 즉각적 피드백은 사람들로 하여금 상대가 무엇을 원하는지를 알게 하고, 그에 따라 그들의 행동을 쉽게 결정할 수 있게 한다. 즉각적 의사소통은 상대의 반응을 빠르게 공유하기 때문에 친밀감을 증대시킨다.

표현은 명확해야 한다. 명확한 메시지는 자신의 생각, 감정, 요구를 정확하게 반영하는 것이다. 하려는 말을 남기지 말아야 하고, 애매하거나 추상적인 용어를 사용하지 말아야 한다. 진정으로 원하는 것을 말하기를 두려워하지 말아야 한다.

표현은 솔직해야 한다. 솔직한 메시지는 대화의 진짜 목적과 같은 것을 의미한다. 가장하거나 숨겨진 의도는 친밀한 관계를 해친다. 솔직하다는 것은 진실을 말하는 것이며, 마음속에 담고 있는 감정과 진실한 요구를 진술하는 것이다. 상대를 너무 의식해서, 혹은 자신을 보호하기 위해서 거짓말을 한다면 대화를 많이 해도 관계는 겉돌게 된다.

표현은 고무적이어야 한다. '고무적'이란 뜻은 다른 사람이 화를 내지 않고서도 나의 이야기를 들을 수 있게 하는 것이다. 고무적 의사소통은 내가 이기나 패하나, 내가 옳은가 그른가와 같은 경쟁을 피하는 것이다. 의사소통의 진정한 의미는 서로 의미를 공유하고 이해하는 것이지, 누구를 평가하거나 공격하는 것이 아니다.

비고무적 의사소통은 상대에게 상처를 주고 특정 행동

보다는 그 사람 전체를 비난하는 것이다. '넌 누구보다 못하다' 식의 부정적 비교 등 듣는 사람에게 경멸감을 주는 소통 방식도 비고무적 표현이다. 분노를 담아 표현하는 것도 비고무적 표현에 속한다.

자신의 의견을 확실하게 표현하는 것은 중요하지만, 상대와 의견이 다를 때 자신의 의견만 고집하면 비고무적 의사소통이 발생한다. 상대방의 기분을 헤아리지 않고 거칠게, 강한 어조로 표현할 때 비고무적 의사소통이 발생한다. 상대가 화를 낼 때 감정적으로 대처하기보다는 타협점을 찾아 제시하는 것이 고무적 의사소통으로 가는 방법이다.

이상의 조건을 모두 충족시킬 때 효과적 표현, 완전한 표현이라고 볼 수 있다.

자기공개 능력

자기공개란 자기 자신에 대한 솔직한 정보를 전달하는 행위다. 자기공개는 자신에 대한 성찰, 일기 쓰기와는 다르다. 자기공개는 대화 상대가 있어야 한다. 자기공개에서 핵심 정보는 다른 사람이 이미 알고 있는 이야기를 상기시키는 것이 아니라, 새로운 내용이어야 한다. 또 평소 말하기 두려운 자신의 비밀스러운 면, 자신의 수치스러운 면을 말해야 한다(Buhrmeter, et al., 1988). 마지막으로 자기공개에서 자기 자신은 핵심 요소다. 즉 자기공개에는 진정한 자아에 대한 내용이 담겨야 한다.

자기공개는 거짓말이나 왜곡, 과장된 자아, 자랑거리를 의미하는 것이 아니라는 점에서 자기표현과 차이가 있다. 건강한 자아공개는 언제, 누구에게, 무엇을 말할 것인가를 인식할 수 있는 균형적 사고가 있을 때 가능하다. 건강한 자기공개란 모자라지도, 과하지도 않은 자기공개를 의미한다.

자기공개의 특징

자기공개는 대인적 능력의 핵심 요소다. 자기공개를 많이 하는 사람이 대인적 능력자다(Buhrmeter, et al., 1988).

자기공개는 배우자나 가족, 친한 친구에게 더 많이 한다. 대학생은 부모보다는 친한 친구에게 자기공개를 훨씬 많이 한다.

오랫동안 사귄 지기일수록 서로 공유한 경험이 많기 때문에 자기공개가 쉽게 일어난다. 반대로 처음 만난 사이에서 자기공개를 하는 것은 상대를 불편하게 하고 거부감을 유발한다.

여러 명이 있을 때보다 단 둘이 있을 때 자기공개가 쉽다. 두 명이 있을 때는 진지하고 깊은 대화를 나누는 경우가 많기 때문이다. 대화 자리에서 몇 명이 있는가에 따라 대화의 주제와 깊이는 달라진다. 두 명이 대화할 때는 공감의 폭도 더 커진다.

개인적인 재정 상태나 종교, 이성 문제보다는 음식이나 옷 등 가벼운 주제에 대해 쉽게 공개한다.

50세까지는 나이가 들수록 자기공개의 수준이 증가하고, 50세가 넘으면 자기공개를 줄이는 경향이 있다.

성격적으로 외향적인 사람이 자기공개를 쉽게 한다.

자기공개의 긍정적 효과

자기공개는 대인관계에서 친밀감, 상호 이해, 신뢰를 구축한다(Varnali & Toker, 2015).

또 자신에 대한 지식이 증가한다. 말하기 전까지는 애매하고 불분명한 형태로 존재하기 쉽지만, 다른 사람에게 자신에 대해 속 시원하게 이야기하면 명료해지고, 결론을 도출하기 쉬워진다.

내가 자기공개를 하면, 상대도 자기공개를 하게 된다. 개방은 개방을 낳는다.

자기공개 후 외로웠던 감정이 개선되고 마음이 치유되기도 한다.

자기공개를 하면 죄의식이 경감된다. 자신에 대한 분

노, 죄책감, 두려움 등 복잡한 감정이 대화를 통해 어느 정도 해소된다. 가톨릭의 고해, 심리치료에서 트라우마(힘든 일을 겪은 후 갖는 정신적 쇼크)에 대한 고백과 상담 등이 그 예다(McKay, et al., 1999).

참고문헌

Buhrmeter, D. et al.(1988). Five Domains of Interpersonal Competence in Peer Relationships. *Journal of Personality and Social Psychology, 55*(6), 991~1008.

McKay, M. et al.(1999). *Messages: The Communication skills Book.* 임철일 · 최정임 옮김(1999). 『효과적 의사소통을 위한 기술』. 커뮤니케이션북스.

Varnali, K, & Toker, A.(2015). Self-Disclosure on Social Networking Sites. *Social behavior and Personality, 43*(1) 1~14.

04

스피치 능력

표현 능력은 사적 대화 상황을 전제로 하지만, 스피치 능력은 공적 자리, 다수 대중 앞에서 연설·발표하는 능력이다. 많은 사람이 대중 앞에서 발표하는 것을 두려워한다. 그러나 철저히 준비하고 훈련한다면 발표 불안증은 얼마든지 극복할 수 있다. 스피치 능력을 빠르게 향상시킬 수 있는 방법을 소개한다.

스피치의 유형

임태섭(2014)의 저서『스피치 커뮤니케이션』은 국내 스피치 서적 중 가장 체계적이고 방대한 내용을 담고 있다. 임태섭은 스피치의 종류를 정보 제공형과 설득적 스피치로 구분한다.

정보 제공형 스피치

어떤 대상이나 사건, 개념에 대한 객관적 사실을 서술하는 스피치 능력이다. 정보를 전달하는 방법으로는 기술, 묘사, 분석 방법이 대표적이다. 따라서 쟁점에 따라 기술, 묘사, 분석 중 적절한 전달 방법을 선택하는 것이 무엇보다 중요하다.

- 기술: 관찰한 현상이나 대상, 행위 등을 있는 그대로 서술하는 기법이다. 자세한 기술을 위해서는 충분한 사전조사를 해야 한다.
- 묘사: 외적 현상을 관찰한다는 점에서 기술과 유사한 면이 있다. 그러나 기술이 드러난 현상에 대한 '객관적 서술(통계치를 이용하는 등)'에 방점을 둔다면, 묘사는 대상에 대한 '주관적 서술'을 한다는 점에서 차이가 있다.

- 분석: 기술이나 묘사와 달리 외형적 현상보다는 그 뒤에 숨어 있는 원인이나 현상의 배경에 대한 서술 방식이다. 가령 최근 청년실업률이 급증한다고 분석한다면, 왜 그런지, 어떤 구조적·환경적·인구학적 요인이 작용하는지에 대한 요인을 찾아서 논리적으로 소개하는 방식이다.

정보 제공을 목적으로 한 스피치는 할당된 시간에 맞춰 주제를 한정시키는 것이 중요하다. 한 번의 강의에 한 가지 논점만 말하는 것이 좋은 강의다. 한정된 시간에 노동조합의 기원, 노동조합이 이용하는 전술, 노조의 성공·실패 사례를 모두 이야기하기 어렵다면, 노동조합의 한 가지 측면만 선택해 적절한 예시를 들어 설명하는 것이 효과적이다. 그렇지 못한 경우 단순히 개요만 설명하는 수박 겉핥기 식이 되기 쉽다(Carnegie, 2015).

설득적 스피치

설득이란 상대방의 태도나 신념, 가치관을 발표자의 의도대로 변화시키는 것이다. 설득적 스피치의 핵심 내용은 발표자의 '주장'과 주장의 타당성을 증명하는 '입증 절차'다. 주장과 입증을 제대로 전달할 때 설득적 스피치의 효과가 나타난다. 주장이란 청중이 채택하길 바라는 발표자의 핵심 내용이다. 설득적 스피치에는 반드시 하나 이상의 주장을 담게 된다. 설득하는 내용이 복잡할수록 주장의 수는 많아진다.

입증이란 주장을 뒷받침하는 합당한 증거나 증인을 제시하여 주장의 사실성, 타당성을 밝히는 것이다. 주장의 근거를 합리적으로 제시하는 것이다. 가령 OO제품을 사라고 설득하는 주장을 한다고 할 때, 그 제품이 다른 제품보다 어떤 점에서 좋은지, 성능, 가격, 성분에서 구체적 증거를 제시하는 과정이 입증에 해당한다.

설득적 스피치의 효과를 높이기 위해서는 증거를 많이 활용해야 한다. 발표자가 명확한 증거를 제시하면 청중은 자신의 의견이 달라도 연사의 말을 수용할 가능성이 커진다. 공신력을 이용하는 것도 효과적이다. 연사의 직업, 경력, 학력, 지명도가 공신력을 좌우한다. 또한 연사가 인용하는 자료의 출처가 객관적이고 믿을 만한 기관에서 나온 것일 때 공신력은 높아진다.

유능한 연사는 처음부터 청중에게서 긍정적 반응을 얻도록 노력한다. 일단 거부 반응이 생기면, 그것을 바꾸는 데는 많은 인내와 노력이 필요하기 때문이다. 스피치 시작부터 긍정적 반응을 얻기 위해서는 상호 간의 공통점이나 공감대를 찾는 것이 좋다. 링컨은 노예 해방과 같이 논쟁적 주제로 토론할 때마다 공감대를 먼저 찾았다. 처음 30분 동안 링컨은 자신의 말 한마디 한마디에 상대가 동조할 수 있도록 분위기를 유도했다. 그러다 보면 마침내 모든 사람을 자기편으로 설득할 수 있게 된다(Carnegie, 2015).

스피치 능력의 조건

스피치 능력의 조건은 다음과 같다.

전달력이 좋아야 한다

유창한 언변, 막힘없는 달변, 전문적 용어 사용이 곧 좋은 스피치는 아니다. 유창한 발표가 나쁠 것은 없지만, 그것보다 더 중요한 것은 스피치가 청중에게 잘 전달되는 것이다. 즉 전달력이 좋아야 한다. 전달력이 좋다는 것은 스피치의 목적에 맞게 청중에게 내용을 정확히 전달하거나 이해시키거나 설득하는 것이다.

진실해야 한다

거짓 정보나 확실한 증거가 없는 사실을 발표하거나, 지키지 못할 약속을 하거나, 허황된 비전을 제시하거나, 비일관된 주장을 펴거나, 아전인수격 논리를 펴거나, 핵심을 피해 가는 말을 하는 것은 진실성이 결여된 스피치다.

명쾌해야 한다

좋은 건지 나쁜 건지 명쾌하게 자신의 입장을 제시하지 않고, 반대 입장을 가진 사람을 의식하여 자신의 입장을 모호하게 흐리거나, 자료만 늘어 놓고 주의주장이 분명하지 않은 발표는 청중을 혼란스럽게 한다. 스피치가 명쾌해지기 위해서는 주장과 결론의 분명한 제시, 논리 정연한 서술, 체계적인 정보의 조직화, 명확한 언어 표현이 필요하다. 명쾌한 스피치를 위해서는 발표자가 스피치 내용을 완전히 파악하고 있어야 한다.

간결해야 한다

스피치 내용이 복잡하면 발표를 듣는 청중은 혼란스럽고 스피치 내용을 이해하기 어려워진다. 간결한 스피치를 위해서는 주장의 수를 제한할 필요가 있고, 서론과 결론 역시 짧은 것이 좋다(임태섭, 2014).

상대방의 관심사를 이야기하라

사람의 호감을 사고 싶으면 상대방의 관심사를 이야기하자. 미국의 제빵회사 영업사원이 한 호텔에 빵을 공급하기 위해 4년간 매주 호텔 사장을 방문했다. 호텔 객실을 예약해 잠을 자기도 하고, 사장이 참여하는 사회활동에 참여하기도 했으나 늘 실패했다. 이후 전략을 바꾸어 사장이 관심을 가지는 것이 무엇인지 파악한 후, 사장을 만나 그의 관심사에 대해 이야기를 한참 나누었다. 그러자 며칠 지나지 않아 사장이 먼저 연락을 해 와 빵을 주문하게 되었다는 일화가 있다(Carnegie, 2006).

스피치 능력의 훈련

빠르게 스피치 능력을 향상시키기 위해 다음과 같은 훈련을 추천한다(Carnegie, 2015).

경험하거나 배워서 충분히 알고 있는 것을 말하라. 인생이 가르쳐 준 교훈, 나의 경험에서 주제를 찾아 보자. 취미와 여가생활, 젊은 시절 이야기, 특정 분야의 지식, 색다른 경험이 좋은 주제가 될 수 있다.

연사가 흥분할 수 있는 발표 주제를 선정하도록 한다. 자신이 선택한 주제를 사람들 앞에서 연설해도 되는지 판단하는 데 도움이 되는 한 가지 질문은, "만약 누군가 일어나서 당신의 의견을 정면으로 반박했을 때 확신과 열의를 갖고 자신의 입장을 고수할 자신이 있는가"다. '그렇다'고 대답할 수 있으면 적합한 주제를 고른 것이다.

청중이 공감할 수 있도록 열렬히 말하라. 연사는 자신이 말할 화제에 흥분할 수 있어야 할 뿐 아니라, 그 흥분을 청중에게도 전달하려는 열의가 있어야 한다.

연설 내용에 실제 사례와 증거를 많이 넣어라. 교훈이 될 만한 개인적 경험을 사례로 활용하면 설득력이 높아진다. 사례를 들면서 연설을 시작하면, 청중의 관심을 즉각적으로 붙들어 놓는 데도 효과적이다.

말하는 내용을 행동으로 보여 줌으로써 시각화하라. 우리가 얻는 지식의 80% 이상은 시각적 인상을 통해 흡수된다. 골프 스윙하는 방법을 몇 시간 말로 설명하면 지루하기만 할 것이다. 이때 일어서서 공을 칠 때의 몸동작을 보여 줄 수 있다. 비행기 사고로 죽을 뻔한 이야기를 할 때 팔과 어깨를 이용해 비행기가 흔들리는 모습을 표현한다면 청중의 눈과 귀는 열리게 된다.

참고문헌

임태섭(2014). 『스피치 커뮤니케이션』. 커뮤니케이션북스.
Carnegie, D.(2006). *How to Win Friends And Influence People*. 강성복 · 정택진 옮김(2006). 『인간관계론』. 리베르.
Carnegie, D.(2015). *Public Speaking and Influencing Men In Business*. 이은정 옮김(2015). 『성공대화론』. 미래지식.

05

정서적 소통 능력

개방적 의사소통은 정서적 소통을 전제로 한다. 진정한 의미의 의사소통 방식이기도 하다. 사람 간에 갈등이 생기는 경우는 서로의 감정이 불일치거나 공감이 부족할 때다. 감정이 일치하고 공감이 형성되면 소통은 우호적으로 흐를 수밖에 없다. 정서적 소통을 커뮤니케이션 능력에서 가장 중요하다고 꼽는 학자가 많다. 대인관계에서 절대적으로 중요하기 때문이다. 정서적 소통의 정점은 사랑과 칭찬, 격려를 아끼지 않는 '정서적 지지'다.

정서의 종류

정서적 소통이 뛰어난 사람은 대화 상황에서 타인의 이야기에 공감 또는 감정이입을 잘하는 사람이다. 공감(sympathy), 감정이입(empathy), 연민(compassion)은 정서적 소통에서 중요한 개념이다. 이들 개념은 매우 유사하면서도 미세한 차이가 있다.

- 공감: 타인의 느낌과 처지에 주의를 집중하여 그 사람을 많이 이해하는 상태다. 공감의 원천에는 정서적 요소와 사회적 요소가 함께 작동한다. 감정을 이해한다는 면에서 정서적이고, 사람과의 관계에서 공감이 일어난다는 면에서 사회적이다. 공감은 나와 상대의 동일시를 전제로 하지는 않는다. 상대의 감정에 대해 다소 '관찰자'적 입장에서 그 사람의 마음을 헤아리는 능력이다.
- 감정이입: 상상력을 발휘하여 타인의 감정을 동일하게 느끼는 상태를 의미한다. 상상해서 타인의 감정을 이해한다는 점에서는 공감과 유사하다. 그러나 공감은 타인을 관찰하여 그 사람의 감정을 이해하는 상태지만, 감정이입은 그 사람과 동일한 감정을 느낀다는 데 차이가 있다. 공감은 객관적 입장에서 상대를 볼

수 있지만, 감정이입이 되면 객관성을 유지하기 어렵게 된다.
- 연민: 타인의 불행을 보면서 생기는 슬픈 감정이다. 친구가 큰 병에 걸렸거나 사고를 당했을 때, 대학 진학에 실패했을 때와 같이 상대가 큰 고통을 겪는 상황에서 내가 느끼는 슬픈 감정이 연민이다. 연민의 강도는 느끼는 사람의 주관적인 평가여서, 실제로 고통을 겪는 사람이 느끼는 것과는 다를 수 있다. 연민은 상대가 겪는 불행이 나의 잘못과 무관하다고 생각할 때 생긴다. 만약 나의 잘못으로 상대가 고통을 겪는다고 생각하면 연민을 느낄 수 없게 된다(정수영, 2015).

정서적 능력

정서적 소통 능력은 다음과 같은 몇 가지 차원을 가진다(Kidwell & Hasford, 2014).

- 정서의 핵심·원천을 규명하는 능력: 특정 상황에서 정서를 규명하고 구별하는 능력이다. 사람에 대해, 혹은 상품에 대해, 때로는 어떤 상황에서 발생하는 정서를 지각한다. 영업사원은 소비자의 정서를 정확히

파악해야만 거래를 성사시킬 수 있다.
- 정서를 활용하는 능력: 정서를 심사숙고하고 평가해서 의사 결정 자료로 활용하는 능력이다. 예를 들어 공격적인 판매원을 만나면 보통 화가 나지만, 즉각적 분노를 드러내기보다는 최선의 반응을 이용하는 것이다. 영업사원이 무례하다는 것을 스스로 느낄 수 있도록 적당한 긴장감을 조성하면서 알려 준다.
- 정서의 이해력: 감정은 시간에 따라, 상황에 따라 진화한다. 감정이 어떻게 변화하는지 관찰하고 예측하는 힘이 정서를 이해하는 능력이다. 행동은 장·단기적 정서를 이해한 결과로 발생한다. 예를 들어 단 음식이 맛있다는 단기적 감정에 충실한 사람은 당장의 만족감을 위해 먹는다. 그러나 정서를 이해하는 사람은 단 음식을 먹을 때의 쾌감이 금방 사라지고 후회로 바뀔 것을 예측할 수 있게 된다.
- 정서의 통제력: 원하는 목표 달성을 위해 자신과 타인의 정서를 통제하는 능력이다. 사회적 소통 상황에서 자기감정을 잘 통제해서 원만한 대화를 이끌고, 목적하는 바를 달성할 수 있다.

정서적 지지

정서적 지지는 사회적 지지의 한 유형이다. 사회적 지지는 개인이 가족이나 친구 등 가까운 주변사람에게서 받는 긍정적 자원을 총칭한 개념이다. 사회적 지지에 대한 개념 정의는 다양하지만, 다음 세 가지 유형으로 구분할 수 있다.

- 정서적 지지: 사랑, 칭찬, 인정, 격려, 신뢰, 공감을 제공
- 정보적 지지: 충고, 조언, 사회에 대한 지식 제공
- 도구적·물질적 지지: 돈, 물건, 서비스·노동, 시간을 제공

사회적 지지의 핵심은 정서적 지지에 있다. 사회적 지지의 개념을 정서적 측면에 초점을 두어서, '개인이 사랑과 보살핌을 받는 귀한 존재임을 인식하게 하는 정보'라고 정의하기도 한다(유은정·설현수, 2015). 공감적 표현, 칭찬과 격려 등 정서적 표현을 제공한다는 점에서 정서적 지지는 커뮤니케이션 능력을 구성하는 중요한 요소다.

정서적 지지는 '관계성'을 중시한다. 개인은 사회적 관계망 속에 존재하는데, 그 관계망에 있는 사람에게서 지지

를 받기 때문이다. 정서적 지지는 대인적, 사회적 관계를 발전시키는 과정에서도 핵심 기능을 한다. 어린이들이 친구에게서 받는 '칭찬'은 학교생활 적응에 긍정적 효과를 준다(김종운·장인영, 2013).

부모-자식 관계에서도 정서적 지지는 중요하다. 청소년 자녀가 실패를 경험할 때 부모가 위로와 격려를 하면서 긍정적 지지를 제공하면 자녀는 다시 힘을 얻게 된다. 정서적 지지는 개방적 의사소통과도 직결된다. 개방적 의사소통이란, 자녀에게 열린 마음으로 긍정적 메시지를 전달하여 자녀가 어려운 과제를 포기하지 않고 계속할 수 있도록 언어로 설득하는 행위다(전혜경 외, 2012).

참고문헌

김종운·장인영(2013). 또래 칭찬 및 자기리더십 집단상담이 초등학생의 학교생활 적응력과 사회적 효능감에 미치는 효과. ≪청소년학연구≫, 20권 7호, 45~74.

유은정·설현수(2015). 사회적지지 척도의 요인구조 탐색. ≪조사연구≫, 16권 1호, 155~184.

전혜경·김병석·김재철·최희철(2012). 아버지의 역할수행과 청소년의 자기효능감 간의 관계에 미치는 의사소통과 사회적 지지의 매개효과. ≪상담학연구≫, 13권 3호, 1233~1252.

정수영(2015). 공감과 연민, 그리고 정동. ≪커뮤니케이션이론≫, 11권 4호, 38~76.

Kidwell, B., & Hasford, J.(2014). Emotional Ability and

Nonverbal Communication. *Psychology and Marketing, 31*(7), 526~538.

06

SNS 능력

한국의 SNS 보급률은 세계 최고 수준이다. 페이스북이나 트위터에서 글을 자주 쓰고, 타인의 글에 댓글을 많이 달고, 구독자가 많다면 SNS 능력자다. 오프라인에서 중요한 커뮤니케이션 능력과 온라인에서 필요한 커뮤니케이션 능력 요소는 차이가 있다. SNS 능력의 대표적 구성 요소로 인상관리 능력과 디지털 기기 활용 능력을 제시했다.

인상관리

페이스북은 현재 가장 대중적인 SNS다. 페이스북에 올린 개인적 일상을 소개하는 상태 글을 보면 긍정적 글이 압도적으로 많다. 여행, 데이트, 맛집과 음식, 수상, 승진 등 자랑거리가 많다. 사진을 올릴 때도 편집을 해서 예쁘게 다듬은 얼굴 사진을 올린다. 친구의 글에 대해서도 가능하면 '좋아요'를 많이 눌러 좋은 친구라는 이미지를 주고자 한다. 이러한 행동을 이론적 개념으로 정리하면 인상관리(Self-presenting) 능력이라고 볼 수 있다.

자기표현(Self-expression)에는 두 가지 유형이 있다. 자신의 긍정적 면을 적극적으로 표현하여 좋은 인상을 심어 주려는 '이미지 표현'과, 자신의 어둡고 수치스러운 면을 표현하는 '자기공개(Self-disclosure)'다. 일종의 인상관리 능력이라고 할 수 있는 이미지 표현은 자신에 대한 긍정적 메시지를 전달하는 데 초점을 두는 반면, 자기공개는 지극히 내밀한 부정적 정보를 드러내는 행동이다. 자기공개가 오프라인의 대인관계 발전에서 중요하다면, 인상관리는 온라인에서 관계를 구축하는 데 특히 중요하다.

구체적으로 인상관리란, 타인에게 자신의 긍정적인 사회적 인상을 창출하고, 부정적 인상을 회피하려는 행위다. 즉 자신의 장점은 부각하고, 자신의 부정적 정보는 생략하는 등의 선택적 표현이다(한상연 외, 2013). 가상공간에서 관계망을 구축하고 있는 SNS에서는 선별적인 자기표현이 가능하다.

인상관리 능력과 밀접한 관계를 가진 개념은 유능감, 대중적 자아의식, 자기 감시 기술이다.

유능감

SNS에서 인상관리 능력과 관련한 개념으로 자기결정성 이론의 '유능감'을 들 수 있다. 자기결정성 이론에 따르면, 인간은 어떤 행동을 할 때 강요나 타율보다는 개인의 자율적 의지로 하는 것을 지향한다. 부모가 강제로 공부를 시킨다면 하기 싫은 것이 인간의 본성이다. 반면에 스스로 목표를 정해서 자기 주도적으로 할 때 더 열심히 공부하게 된다. 자기결정성 이론에 따르면, 인간은 자율성, 유능감, 관계성이라는 세 가지 욕구를 가지고 행동을 결정하게 된다. 그중 '유능감'은 자신이 타인과 효율적으로 상호작용할 수 있다는 신념으로, 인상관리를 뒷받침하는 심리적 요인으로 거론된다(김연종, 2013). SNS에서 글쓰기나 자기표현을 적극적으로 하는 동기를 '대중적 인기를 얻으려는 욕구'로 설명하는 입장도 비슷한 관점이다(Varnali & Toker, 2015).

대중적 자아의식

대중적 자아의식(Public Self-Consciousness)이란, 자아를 사회적 객체·대상으로 인식하는 것이다. 사회적 자아의식이 강한 사람은 타인에게 보여지는 인상에 상당한 가치를 둔다. SNS는 본질적으로 나를 중심으로 한 네트워크다. 오프라인에서 알고 지내는 지인들과 관계망을 형성하고, 내가 관계의 구심적 역할을 한다. 내가 올리는 글과 사진, 정보는 나의 정체성을 드러내는 신호로 기능한다. 그 정체성은 온라인 공간에서 타인과의 관계를 확장하기 위한 '사회적 정체성'이다. 그런 점에서 SNS에서 만들어지는 개인의 정체성은 그 개인과 사회적 네트워크가 공동으로 구축한 사회적 작품이다(Varnali & Toker, 2015).

자기감시 기술

SNS에서 이뤄지는 의사소통은 '비동시적'이다. 동시적으로 진행되는 면대면 대화와 상반되는 특성이다. SNS 이용자는 글과 사진을 통해 자신의 이미지를 어떤 식으로 만들지 계획하고 생각할 시간적 여유가 있다는 점에서 비동시적이다. SNS의 비동시적 특성은 '자기감시(self-monitoring)'를 가능하게 한다. 자기감시란, 나의 표현에 대해 타인이 어떻게 생각할까를 지각하는 개인의 민감성을 의미한다. 자기감시의 구성 요소는 두 가지인데, 타인의 관점에 맞추어 자신의 이미지를 수정하는 능력과, 타인의 표현적 행동을 예민하게 관찰하는 능력이다(Duran & Spitzberg, 1994).

자기감시이론에서 보면, 자기감시를 잘하는 사람은 상황에 따라 자신의 행동을 어떻게 바꾸어야 할지 감시를 잘하는 사람이다. 자기감시가 약한 사람은 상황에 따라 행동의 변화가 적다. 즉, 상황과 무관하게 통일된 행동을 보이는 특징을 가진다. 자기감시가 뛰어난 사람은 사회적 역할에 대해 많은 레퍼토리를 가지고 있다. 자신의 표현에서 전략적으로 대처하는 능력이 크다는 의미이다. 결과적으로 자신이 의도하는 바에 따라, 시기에 따라 타인에게 이상적인 이미지로 변신할 수 있게 된다(Varnali & Toker, 2015).

디지털 기기 활용 능력

SNS는 연령별로 이용률에서 차이가 크다. 젊은 세대가 중장년 세대보다 SNS를 적극적으로 이용한다. 이는 디지털 매체 활용 능력과 관련이 깊다. 젊은 세대는 태어날 때부터 디지털 매체와 함께 성장해 온 반면, 중년 이후 세대는 아날로그 세대로 살다가 최근에 디지털 세계에 들어온 디지털 이주자다.

SNS를 이용하려면 사진이나 동영상 촬영과 편집, 이미지 수정, 웹 서핑 등 디지털 기기를 자유롭게 다룰 줄 알아야 한다. 그런 점에서 디지털 매체의 활용 능력은 SNS 능력과 직결된다. 유럽연합(EU)에서는 네트워킹을 강조하는 통합적 매체 이용 능력을 커뮤니케이션 능력으로 정의하고 있다. 국내 여러 연구자들도 디지털 매체 이용 능력을 커뮤니케이션 능력으로 개념화했다.

황유선(2010)은 '매개된 커뮤니케이션 능력'이 커뮤니케이션 능력을 대표한다고 주장한다. '매개된'의 의미는 모바일, 인터넷, 디지털 매체 등 매체를 이용해 타인과 커뮤니케이션한다는 것을 의미한다. 특히 모바일폰은 통화나 문자 등 대인매체의 기능이 있어서, 개인의 커뮤니케이션 능력이 대인 매체를 통해 발현된다. 말하자면 대인매체를 잘 활용하는 사람이 커뮤니케이션 능력자가 된다.

황용석 외(2012)는 디지털 매체 이용 능력을 커뮤니케이션 능력으로 정의했다. 여기에는 세 가지 하부 요소가 있는데, '디지털 매체 이용 기술', '창의적인 콘텐츠 생산 능력', '사회적 관계 형성'이 그것이다. 디지털 매체 이용 기술은 SNS 활동을 활발히하기 위해 다양한 디지털 기술을 얼마나 활용할 수 있는가를 의미한다. 창의적 콘텐츠 생산은 개인의 경험이나 생각을 글과 영상으로 구사하는 능력이다. 사회적 관계 형성이란, 친구 요청 또는 수락을 통해 지인과의 관계망을 넓혀 가는 능력이다.

이들의 연구 결과에 따르면, 고도의 기기 조작 기술을 요하는 온라인 영역에서는 연령별, 세대별 커뮤니케이션 능력 차이가 컸다. 성별로 보면 남성이, 연령 면에서는 젊은 세대가, 학력 면에서는 고학력자가, 소득 면에서는 고소득자 집단의 온라인 활용 능력이 뛰어났다.

참고문헌

김연종(2013). 부모의 애정적 양육태도가 대인커뮤니케이션 능력에 미치는 영향: 자기결정성 동기의 매개효과. ≪청소년학연구≫, 20권 2호, 97~118.

한상연 외(2013). SNS 사용을 통한 자기표현이 대인관계 및 삶의 질에 미치는 영향분석 연구: 개인 커뮤니케이션 능력의 조절효과를 중심으로. ≪정보시스템연구≫, 22권 1호, 29~64.

황용석 · 박남수 · 이현주 · 이원태(2012). 디지털 미디어 환경과 커뮤니케이션 능력 격차 연구. ≪언론학보≫, 56권 2호, 198~226.

황유선(2010). 매개된 대인 커뮤니케이션 능력에 영향을 미치는 요인에 관한 연구: 휴대전화의 음성통화와 문자 메시지를 중심으로. ≪언론학보≫, 54권 3호, 99~123.

Duran, R., & Spitzberg. B. H.(1995). Toward the development and validation of measure of cognitive communication competence. *Communication Quarterly, 43*(3), 259~282.

Varnali, K., & Toker, A.(2015). Self-Disclosure on Social

Networking Sites. *Social Behavior and Personality, 43*(1), 1~14.

07

비언어적 커뮤니케이션과 청취 능력

개들이 주인에게 사랑받는 이유는 무엇인가? 몸으로, 동작으로, 소리로 반가워서 어쩔 줄 모르는 감정을 잘 표현하기 때문이다. 때로는 비언어적 소통이 언어 이상으로 많은 의미를 전달한다. 더 진실하기도 하다. 직접 언어를 사용하지는 않지만, 청취 능력 또한 커뮤니케이션 능력에서 빼놓을 수 없는 요인이다. 상대방의 얘기를 열심히 들어 주는 것이야말로 상대에게 주는 최고의 찬사다.

비언어적 커뮤니케이션 능력

비언어적 커뮤니케이션이란 언어를 사용하지 않는 커뮤니케이션이다(Kidwell & Hasford, 2014). 타인과 만나 대화하는 자리에서 우리는 끊임없이 비언어적 신호를 주고받는다. 표정이나 손동작, 자세를 통해 언어 이상의 강력한 메시지를 전달할 수 있다. 얼굴 표정에는 슬픔과 행복 등 말로 표현하기 어려운 감정도 정확하게 나타난다. 옛날 중국인들은 지혜로웠다. 그들의 속담 중에는 "웃는 얼굴이 아니면 가게를 열지 마라"는 말이 있다(Carnegie, 2006). 비언어적 소통의 중요성을 단적으로 보여 주는 속담이다.

신체 언어

의사소통하는 메시지의 50% 이상은 신체의 움직임에서 나온다. 상대의 언어적 표현을 정확히 이해하는 것만큼이나 신체 언어를 이해하는 것은 필수다. 신체 언어는 얼굴 표정, 몸동작 등 신체의 움직임과 음성(목소리 크기, 리듬, 속도), 자세와 호흡을 포함한 개념이다. 그중 얼굴 표정이 신체 언어에서 가장 중요하다. 표현 능력이 가장 뛰어나기 때문이다.

신체 언어의 특성은 다음과 같다.

언어적 의사소통보다 더 신뢰할 수 있다. 시무룩한 얼굴로 '난 괜찮아'라고 말할 때 말보다는 신체 언어가 더 정직한 의미를 담고 있다. 그러므로 언어적 표현과 신체 언어의 불일치성 혹은 비일관성에 주목해야 한다.

신체 언어는 항상 어떤 맥락 안에서 이해해야 한다. 입을 가리는 행동을 했을 때, 그것이 불법 주차 후 경찰을 발견했을 때는 '공포'를 드러내는 것이다. 딱딱하거나 어려운 강의를 듣는 상황이라면 '지루함'을 나타내는 것이다. 집을 나와 출근하다가 입을 가렸다면 뭔가 중요한 것을 집에 두고 왔음을 의미한다.

문화권에 따라 신체 언어는 달라진다. 미국에서는 포옹이 반가움을 표시하는 인사이지만, 한국에서 남자가 여자에게 포옹으로 인사를 한다면 어색하고 수치심을 유발하게 된다.

신체 언어는 '묘사'와 '조절' 기능을 한다. 묘사란 언어적 의사소통과 함께 수행되면서, 의사소통의 내용을 설명하는 것이다. 가게에서 "저거 주세요"라고 이야기하면서 특정 제품을 손가락으로 가리키는 행위, "네"라고 대답하면서 고개를 끄덕거리는 행위가 그 예다. 조절이란 다른 사람의 말을 확인하거나 통제하는 비언어적 단서로 작용하는 것이다. 연사의 강연에 머리를 끄덕이는 행위는 '내가 잘 따라가고 있으니 계속하라'거나, '내가 이해하고 있으니 안심하라'는 의미를 담는다. 반대로 눈을 치켜뜬다면 내용의 진의를 의심하거나 이해하기 어렵다는 의미를 전달한다. 이를 통해 연사는 자신의 강연 내용과 속도를 조절하게 된다(McKay, et al., 1999).

공간적 관계

공간적 거리에 따라 의사소통의 구조와 내용이 달라진다. 연인끼리 대화할 때와 사무적 만남에서 대화 거리는 달라진다. 근접학(proxemics)은 공간적 거리에 초점을 두고 의사소통을 연구하는 학문이다. 이야기하는 상대와 얼마나 멀리 떨어져 있는가, 집의 가구 배치는 어떠한가 등을 분석하는 것이다. 근접학의 대가인 에드워드 홀(Edward Hall)은 사람들이 타인과 상호작용할 때 사용하는 거리를 네 가지로 구분했다.

- 친밀한 거리(intimate distance): 45cm 이내의 거리로 서로의 몸이 닿는 거리다. 연인, 절친한 친구, 엄마에게 안겨 있는 아기 사이가 이 거리에 해당한다. 만약 가깝지 않은 사람들이 이러한 거리를 유지하려고 하면 당황하거나 위협감을 느끼게 될 것이다. 복잡한 지

하철이나 엘리베이터에서 접촉을 피할 수 없을 때, 사람들이 시선을 둘 곳이 없어서 당황하거나 몸을 뒤로 빼는 경우를 볼 수 있다.

- 개인적 거리(45cm~2m): 1m 이내는 파티에서 편안하게 대화할 수 있고, 친한 사람끼리 쉽게 접촉할 수 있는 거리다. 1~2m는 접촉의 위험이 없이 비교적 사적인 대화를 주고받을 수 있는 거리다. 상대와 팔길이만큼의 거리를 유지하는 셈이다.
- 사회적 거리(2~6m): 3m 이내의 근접 영역은 고객과 상담하거나, 상사가 부하에게 지시를 내릴 때 유지하는 거리다. 4~6m는 공식적 사업이나, 사회적 상호작용에 사용된다. 동료에게 피해를 주지 않으면서 작업을 하는 사무실 환경에 적합한 거리다.
- 대중적 거리(6~10m): 비공식적인 모임이나 대중연설에서 사용되는 거리다(McKay, et al., 1999).

청취 능력

청취에는 두 가지 종류가 있다. 진정한 청취와 유사 청취를 구분할 수 있어야 경청이 가능하다. 상대가 이야기할 때 조용히 있다고 해서 진정한 청취가 되는 것은 아니다. 진정한 청취는 몇 가지 조건이 충족되어야 한다.

- 상대방을 이해하고자 할 때
- 상대방과의 대화를 즐기고자 할 때
- 무언가를 배우고자 할 때
- 도움을 주거나 위로하고자 할 때

반면 유사 청취란 청취하는 의도가 듣는 데 있지 않은 것으로, 다른 목적을 충족시키기 위한 것이다. 유사 청취에 해당하는 몇 가지 유형은 다음과 같다.

- 상대에게 흥미를 가지고 있다고 생각하게 함으로써, 나를 좋아하게 만들려고 할 때
- 거절당할 위험이 있는지 판단하기 위한 목적으로 건성으로 듣고 있을 때
- 특정한 정보만 걸러서 듣고, 다른 것은 무시할 때
- 다음에 내가 할 말을 준비하면서 시간을 벌려고 할 때
- 내 말을 듣도록 하고자 상대의 말을 대충 들어줄 때
- 상대의 약점을 찾아내려고 할 때
- 내가 착하고 좋은 사람이라는 인상을 주려 할 때

진정한 청취를 방해하는 요소는 다음과 같다.

- 비교하기: 누가 더 똑똑한지, 누가 더 고생하는지 등 나와 상대를 계속 비교하고 평가하면 상대의 이야기를 경청하기 어렵다.
- 걸러듣기: 내가 듣고 싶은 것, 내가 관심을 가지는 주제만 선택적으로 듣는 상황에 해당한다.
- 판단하기: 상대방의 이야기를 다 듣기 전에 성급하게 부정적으로 규정짓는 청취, 혹은 상대를 나쁜 사람, 무식한 사람 등 선입견을 가지고 청취하는 경우다. 청취의 기본 규칙은 대화 내용을 다 듣고 나서 판단을 해야 한다는 것이다. 판단의 대상은 사람이 아닌, 메시지 내용이어야 한다.
- 공상하기: 다른 사람의 이야기를 듣다가 갑자기 그와 연관된 개인적 경험이나 관련한 연상에 빠지게 된다.
- 충고하기: 몇 마디만 듣고서도 다 알았다는 듯이 조언하기 시작하는 행위는 상대의 감정과 아픔을 이해하지 못하게 한다.
- 언쟁하기: 상대의 말이 끝나기도 전에 너무 빨리 반대 의견을 표시하는 경우 언쟁할 가능성이 커진다.
- 주제 이탈하기: 갑자기 화제를 바꾸는 것. 주제가 따분하거나 그 주제가 맘에 들지 않을 때 대화 주제를 바꾸는 행위다(McKay, et al., 1999).

참고문헌

Carnegie, D.(2006). *How to Win Friends And Influence People*. 강성복 · 정택진 옮김(2006). 『인간관계론』. 리베르.

Kidwell, B., & Hasford, J.(2014). Emotional Ability and Nonverbal Communication. *Psychology and Marketing, 31*(7), 526~538.

McKay, M. et al.(1999). *Messages: The Communication skills Book*. 임철일 · 최정임 옮김(1999). 『효과적 의사소통을 위한 기술』. 커뮤니케이션북스.

08

성향적 커뮤니케이션 능력

커뮤니케이션 능력과 관련한 논쟁 중 하나는 대인 간 소통 능력이 교육으로 얻어지는 것인가, 아니면 개인의 타고난 성향인가에 대한 것이다. 다수 의견은 전자를 지지하지만, 일부에선 대인적 관점에서 본 커뮤니케이션 능력은 인간의 성향에 가깝다고 주장한다. 내성적인 사람보다는 외향적인 사람이 자기표현을 잘하고, 대화에 적극적으로 참여하는 경향이 강하다. 커뮤니케이션 능력과 밀접한 관련을 갖는 성격적 요인을 찾아보았다.

커뮤니케이션 능력의 성향적 측면

커뮤니케이션 능력을 온전히 개인의 타고난 기질이나 성향이라고 볼 수는 없지만, 성격과 연관되어 있는 면도 무시하기 어렵다. 개인의 성격이나 기질적 요인이 커뮤니케이션 능력 그 자체는 아니라고 해도, 능력 개발에 중요한 영향을 미친다. 커뮤니케이션 능력을 후천적 교육의 결과로 보는 것과 개인의 성향으로 보는 것은 어떤 차이가 있는가? 성격이라고 본다면, 커뮤니케이션 능력은 개인이 태생적으로 갖고 태어난 것으로 일생 동안 안정적이고 지속된다. 교육으로 개발되지 않고, 훈련으로 바뀌지도 않은 채, 평생 가지고 가는 것이다.

커뮤니케이션 능력과 관련한 성격 요인으로는 적응성(adaptability), 사회적 평정심(social composure), 사회적 긴장 완화(social relaxation), 활동성, 공포심, 개방성이 주로 거론된다(Hullman, et al., 2010).

학자들의 연구에 따르면, 커뮤니케이션 공포심은 커뮤니케이션 능력을 저해하는 반면, 외향성은 대인 간 의사소통 능력을 제고하는 요인이다. 새로운 아이디어에 대한 '개방성' 또는 '유연성'도 대인 간 소통을 촉진한다. '사회적 긴장 완화'는 일상적 의사소통을 하는 과정에서 불안이나 걱정 없이 편안한 심리 상태다. 사회적 긴장 완화가 잘

될수록 대화 후 만족감이 커진다는 점에서 커뮤니케이션 효과와도 긴밀히 연결되어 있다(Rubin & Martin, 1994).

사회적 자기효능감

사회적 자기효능감이란, 사회적 상호작용 상황 속에서 효과적으로 목표 지향적 행동을 할 수 있다고 믿는 개인의 신념이다. 사회적 환경 속에서 타인과 관계를 맺고 발전시킬 수 있다고 믿는 자신감이다. 일반적인 상황에서 어떤 일을 할 수 있다고 믿는 '자기효능감'의 하위 유형에 속한다.

사회적 자기효능감은 타인과 상호작용하는 데 중추적 역할을 수행한다. 학업 수행 또는 학교생활 적응과 밀접한 관계를 가진다. 대학의 팀 프로젝트 등 협력 학습에서도 사회적 자기효능감이 클수록 적응을 잘한다. 반면 사회적 자기효능감이 낮으면 사회공포증, 우울감, 외로움이 커진다.

사회적 자기효능감의 하위 영역은 관계 형성, 의견 표현, 권리 주장, 도움 요청 4개다. 각 영역별 특징은 다음과 같다(강한아 · 김아영, 2013).

- 관계 형성: 쉽게 친해지기 어려워 보이는 사람이라도 친해지고 싶다면 먼저 다가갈 수 있다. 나는 누구와도

쉽게 대화를 이어갈 수 있다.
- 의견 표현: 나는 처음 보는 사람 앞에서도 나의 의견을 자신 있게 말할 수 있다. 나만의 대화 기술로 여러 사람 앞에서 나의 생각을 정확하게 전달할 수 있다.
- 권리 주장: 나를 배려하지 않고 행동하는 사람에게 부드러운 말로 배려해 달라고 이야기할 수 있다. 모임에서 사람들이 부당한 결정을 내릴 때 나의 생각을 당당히 밝힐 수 있다.
- 도움 요청: 나만의 대화 기술로 다른 사람에게 도움을 요청할 수 있다. 도움이 필요할 때 다른 사람에게 도움을 쉽게 요청할 수 있다.

'빅 5 성격'과 커뮤니케이션 능력

인간의 성격을 다섯 가지 차원으로 구분한 것을 '빅 5 성격 모델(BFFM, Big Five Factor Model)'이라고 한다. 광범한 성격 요인과 커뮤니케이션 능력을 연결시킨 대표적 모델이다. 5개 성격 유형별 커뮤니케이션 특징은 다음과 같다(Hullman, et al., 2010).

- 외향성(Extraversion): 외향적인 사람은 자신의 주장을 분명히 표현하고, 찬반논쟁을 잘한다. 상대의 대

화에 즉각적으로 반응을 보이는가 하면, 반대 의견에도 참을성이 강하다. 감정이입을 잘하고, 비언어적 커뮤니케이션의 해독을 정확하게 한다. 대화에 대한 불안감이 적다.

- 신경과민증(Neuroticism): 고민스러운 일이 있을 때 남보다 예민한 반응을 보이는 기질이다. 수줍음과 불안감이 많다. 신경과민증은 부정적 커뮤니케이션과 깊이 관련되어 있다. 반대 의견에 대한 인내력이 약하고, 대화에 소극적이다. 감정이입이 약하고 자신의 주장을 펼치는 것도 어렵다. 즐거움을 추구하는 대화를 하지 못하고, 때때로 부적절한 자기공개를 하는 경향이 있다.

- 동조성(Agreeableness): 타인의 의견에 호의적으로 반응하고 동의하는 성향이다. 감정이입이 잘 되고, 얼굴 표정을 보고 그 사람의 마음을 정확하게 파악한다. 대인적 문제에 어떻게 반응해야 할지 판단력도 뛰어나다. 팀 과제에 만족감이 크다. 그러나 자신의 의견을 강하게 주장하는 것은 약하다.

- 개방성(Openness): 새로운 경험에 대한 도전 욕구가 크고, 사고의 폭과 깊이가 넓고 깊다. 개방성은 커뮤니케이션 능력과 특히 관련이 깊다. 개방적 성품을

가진 사람일수록 대화를 조직하는 능력이 뛰어나고, 감정이입을 잘한다. 대화에 적극적으로 참여하고, 자기표현이 강하다. 팀 과제에 대한 만족도가 높고, 사람을 관리하는 능력이 뛰어나다.

- 도덕적 양심(Conscientiousness): 양심적이고 성실한 성품이다. 대화를 조직하고, 얼굴 표정에 대한 이해력이 우수하다. 대인 문제에 대한 대응도 효과적이다. 이런 사람은 의사결정자, 대표자, 문필가의 성향을 가지고 있다.

참고문헌

강한아 · 김아영(2013). 대학생용 사회적 자기효능감 척도 개발 및 타당화. ≪교육심리연구≫, 27권 2호, 263~283.

Hullman, et al.(2010). Competence, Personality and Self-Efficacy: Relationships in an Undergrduate Interpersonal Course. *Atlantic Journal of Communication, 18*, 36~49.

Rubin, R. B., & Martin, M. M.(1994). Development of a Measure of Interpersonal Communication Competence. *Communication Research Reports, 11*(1), 33~44.

09

유사 커뮤니케이션 능력

커뮤니케이션 능력은 많은 하부 요인을 가진 다차원적 개념이다. 하부 요인에 대한 일치된 합의도 존재하지 않는다. 그러다 보니 커뮤니케이션 능력과 관련한 크고 작은 요소들이 산재한 상태다. 여기서는 그중 중요한 개념들을 모아서 제시한다. 대표적으로 커뮤니케이션 유연성과 인지적 커뮤니케이션 능력에 포함되는 커뮤니케이션 지식, 상호작용 관여도다.

커뮤니케이션 유연성

능력 있는 대화자는 유연하다. 유연함은 곧 각기 다른 상황의 요구에 맞게 커뮤니케이션을 변화시킬 수 있다는 의미다. 타인의 욕구에 맞게 대화 내용과 방식을 바꿀 수 있다는 의미도 담고 있다.

커뮤니케이션 유연성(communication flexibility)이란 필요한 경우 새로운 방식으로 커뮤니케이션을 변화, 조정할 수 있는 개인의 능력이다. 유연한 커뮤니케이션은 대인적 목표를 성취하는 데 적절하게 전략을 구사하는 능력이기도 하다. 커뮤니케이션 유연성은 커뮤니케이션의 목적 달성에도 기여한다. 이런 점에서 커뮤니케이션 유연성은 커뮤니케이션의 본질이자 커뮤니케이션 능력의 핵심이라고 주장하는 학자들이 많다(Martin & Rubin, 1994).

커뮤니케이션 유연성은 사회적 지향성(social desirability)의 요소도 갖는다. 사회적 지향성이란, 타인에게서 지지나 인정을 받을 수 있는 방향으로 행동하는 경향이다. 사회적 지향성은 '타인지향성'으로 불리기도 한다.

커뮤니케이션 유연성은 인지적 유연성과 행동적 유연성으로 구분할 수 있다. 인지적 유연성은 주어진 상황에서 옵션이 무엇이고, 대안으로 이용할 수 있는 것이 무엇인지 생각하는 능력이다. 행동적 유연성이란, 상황에 맞게 적응하고 유연하게 대처하는 능력이다. 결국 커뮤니케이션 유연성이란 사고가 유연하고, 그에 맞게 행동도 유연한 것을 말한다(Rubin & Martin, 1994).

인지적 커뮤니케이션 능력

인지적 커뮤니케이션 능력은 몇 가지 능력을 포함하는 정신적 과정의 집합이다. 여기에는 커뮤니케이션에 영향을 미칠 수 있는 상황을 인식하는 능력, 상황에 맞게 행동을 선택하는 능력, 그러한 행동의 결과를 예측하는 능력, 나의 커뮤니케이션 행동에 타인이 어떻게 반응할지를 가늠하는 능력을 모두 포함한다.

인지적 커뮤니케이션 능력을 시간별로 구분하면 대화에 참여하기 전, 대화 중간, 대화 후에 개인이 사고하는 능력이라고 볼 수 있다. 이것을 '사전 계획적 인지', '과정적 인지', '사후 반성적 인지'라고 부르기도 한다.

- 사전 계획적 인지: 대화 전에 사람들이 어떤 이야기를 할지 생각해 본다. 대화 전 내가 할 이야기를 마음속으로 연습해 본다.
- 과정적 인지: 대화 도중 나는 주제를 바꿔야 할 시점을 안다. 대화 도중 내가 부적절한 말이나 무례한 말

을 했다면 금방 알아차린다.
- 사후 반성적 인지: 대화 후 내가 한 말을 생각해 본다. 대화 후 나의 행동에 대해 생각해 본다.

사전 계획적, 과정적, 사후 반성적 인지 능력 중 설명력이 가장 큰 것은 '사후 반성적 인지'였고, 그다음은 '과정적 인지 능력', '사전 계획적 인지' 순이다. 이는 곧 사후 반성적 인지를 많이 하는 사람이 인지적 커뮤니케이션 능력이 우월하다는 것을 시사한다(Duran & Spitzberg, 1995).

인지적 커뮤니케이션 능력은 개인의 사회적 행동에 대한 성찰과 반성을 계속하는 능력이다. 그러자면 자기감시(self-monitoring)가 뒷받침되어야 한다. 자기감시를 통해 상황을 예민하게 감시하고, 자신의 표현에 타인이 어떻게 반응하는지도 지속적으로 관찰해야 하기 때문이다. 따라서 인지적 커뮤니케이션 능력은 자기 감시와 밀접한 관련을 가진다.

커뮤니케이션 지식

학자에 따라서는 인지적 커뮤니케이션 능력을 '커뮤니케이션 지식'으로 설명하기도 한다. 커뮤니케이션 지식이란, 대화 상황에서 무엇을 말해야 할지를 아는 정도를 말한다.

개념으로 보면, 커뮤니케이션 지식은 인지적 커뮤니케이션 능력의 하부 요소라고 볼 수 있다. 커뮤니케이션 지식을 측정하는 척도로 개인의 내적 통제감, 자존감, 독립심, 자신감, 주장력을 평가한다. 척도로 보면, 커뮤니케이션 지식은 어떤 일에 대한 자신감을 의미하는 자기효능감과 관련이 크다(Duran & Spitzberg, 1995).

유럽연합 집행위원회(European Commission)는 커뮤니케이션 지식의 세부 요인을 다음과 같이 제시하고 있다. 세부 요인은 언어적·비언어적·감성적 의사소통, 구두적·문어적 커뮤니케이션에 대한 지식과 이해를 포괄한다(Zascerinska, 2008).

- 기본적 단어, 문법, 언어의 기능, 구두점 등에 대한 지식
- 다양한 의사소통 유형(대화, 인터뷰, 토론, 면대면, 전화통화)에 대한 지식
- 각 상황에서 어떤 언어를 구사해야 하는지에 대한 지식
- 비언어적 속성(목소리의 질적 특성, 얼굴 표정, 자세 등)에 대한 이해
- 문어적 커뮤니케이션의 다양한 유형(동화, 전설, 시,

극장, 위인전, 신화 등)에 대한 이해
- 다양한 문체에 대한 이해(공식적, 비공식적, 과학적, 언론적 문체)
- 대화 참여자 간의 감정에 대한 이해

상호작용 관여도

상호작용 관여도는 인지적 커뮤니케이션 능력의 한 유형이다. 상호작용 관여도란, 개인이 의사소통에 참여하는 정도를 의미한다. 상호작용 관여도는 두 가지 핵심 차원으로 구성되는데, 하나는 '지각력(perceptiveness)'이고 다른 하나는 '주의집중(attentiveness)'이다.

지각력은 대화 상황과 대화 내용을 분명히 인지하고 이해하는 것이고, 주의 집중은 대화 과정 내내 주의를 기울이는 것이다. 예를 들면 대화에서 핵심 내용을 놓치지 않고, 상대의 말을 경청하고, 대화 내내 정신을 집중하여 가능한 한 많은 정보를 얻는다면 상호작용 관여도가 높다고 볼 수 있다(Perotti & DeWine, 1987).

상호작용 관여도는 엄밀하게 커뮤니케이션 능력이라고 보기는 어렵다. 매우 특화된 형태의 인지적 커뮤니케이션 능력을 측정하는 개념이라고 이해하는 것이 타당하다(Perotti & DeWine, 1987).

참고문헌

Duran, R., & Spitzberg, B. H.(1995). Toward the development and validation of a measure of cognitive communication competence. *Communication Quarterly, 43*(3), 259~282.

Martin, M. M., & Rubin, R. B.(1994). Development of a communication flexibility measure. *The Southern Communication Journal. Winter, 59*(2), 171~195.

Perotti, V., & DeWine, S.(1987). Competence in Communication. *Management Communication Quarterly, 1*(2), Nov. 272~287.

Rubin, R. B., & Martin, M. M.(1994). Development of a Measure of Interpersonal Communication Competence. *Communication Research Reports, 11*(1), 33~44.

Zascerinska, J.(2008). *Defining Communication Competence.* 1st International Conference on Engineering and Business Education. 14~17.

10

종합적 커뮤니케이션 능력

커뮤니케이션 능력의 연구 경향과 분석 방법이 지나치게 미시적이라고 비판하는 사람이 많다. 커뮤니케이션 능력의 일부분만 부각시켜 커뮤니케이션 능력의 전부로 해석하는 것을 지적한 것이다. 분자화된 개념 정의를 극복하고, 종합적이고 포괄적인 커뮤니케이션 능력을 규명해야 한다는 주장에 전적으로 동의하는 바다. 그렇다면 종합적인 커뮤니케이션 능력에는 어떤 요소를 담아야 할까? 표현적, 정서적, 관계적 측면에서 세부 항목을 제시한다.

종합적 커뮤니케이션 능력의 특징

루빈과 마틴(Rubin & Martin, 1994)은 방대한 선행 연구를 검토하여, 일반적이고 보편적인 커뮤니케이션 능력 요인을 10개로 제시했다. 처음에는 60개 항목을 추출한 후, 분석 과정을 거쳐 최종 10개 항목을 선정했다. 루빈과 마틴이 정의한 커뮤니케이션 능력이란, '대화 상황에서 대인적 관계를 통제할 수 있는 개인의 능력에 대한 판단 또는 인상'이다.

이러한 정의에서 몇 가지 특징을 추론할 수 있다. 첫째, '대인관계'라는 용어에서 보듯이, 커뮤니케이션 능력을 대인적·관계적 관점에서 하부 요소를 도출했음을 시사한다. 둘째, 능력에 대한 '판단'과 '인상'이라는 데 주목하면, 객관적 능력이 아닌 '지각된 능력'임을 전제로 한다. 능력의 객관적 평가를 위해서는 타인이 평가해야 마땅하다. 만약 나의 능력을 내가 주관적으로 느끼는 인상에 따라 평가한다면 '지각된 능력'이 된다.

셋째, 대인관계의 '통제'라는 측면에서 보면 커뮤니케이션의 효과성에 무게를 두고 있다. 많은 연구자가 커뮤니케이션 행동의 핵심을 '적절성(appropriateness)'과 '효과성(effectiveness)'이라고 말한다. 대화하는 사람이나 상황에 맞게 의사소통을 구사한다면 적절해야 하고, 상대방의 태도 변화, 제품 판매, 유권자 설득과 같이 어떤 목적을 가지고 대화에 임한다면 효과적이어야 한다. 대인관계의 통제를 목표로 해서 커뮤니케이션을 한다면 효과성을 중시한 개념 정리가 된다.

종합적 커뮤니케이션 능력의 세부 항목

루빈과 마틴(Rubin & Martin, 1994)이 제시한 10개 항목을 유사한 것끼리 묶어서 보면, 크게 세 개의 범주로 구분할 수 있다. 표현적 요소, 정서적 요소, 관계적 요소다.

표현적 요소

- 자기표현(Expressiveness): 자신의 감정과 생각을 언어적·비언어적으로 표현하는 능력을 지칭한다. 커뮤니케이션의 본질에 가깝다는 점에서 많은 학자들이 자기표현을 강조한다. 여기서 자기표현은 '적극적인' 자기표현이어야 한다. 소극적인 자기표현은 자신의 생각을 우회적으로 표현하는 것이지만, 적극적인 표현은 상대방의 권리를 침해하지 않으면서 자신의 의견을 직접적으로 표현하는 행위다. 말과 글을 배우기 시작하는 유아기에서 의사소통 능력 중 특히 표현 능력을 중요하게 취급한다(임승렬 외, 2014).

- 자기공개(Self-Disclosure): 대화를 통해 타인에게 자신의 성품이나 속내를 드러내는 능력이다. 여기서 중요한 점은 '진실한' 공개여야 한다는 것이다. 자신의 긍정적 이미지를 만들고자 선별적인 자기표현을 시도하는 인상관리(Self-presentation)와는 대조된다. 오직 자기공개를 통해서만 대인적 관계가 수립된다는 점에서 매우 중요한 항목이다. 자기공개를 좀 더 협의로 해석하면, 자신의 수치스러운 면, 한 번도 꺼내 놓지 않았던 비밀 이야기, 불행한 과거나 자신의 잘못을 솔직하게 드러내는 것을 의미한다(McKay, et al., 1999).
- 주장력(Assertiveness): 루빈과 마틴의 정의에 따르면, 주장력은 적극적으로 대화에 참여하는 의지와 행동이자 논쟁에 임할 각오로 제시된다. 그러나 주장력의 핵심은 '부정적', '비판적' 의견을 제시하는 것이다. 큰 틀에서 보면 주장력은 표현 능력의 하나이지만, 부정적 메시지를 전달한다는 점에서 일반적인 표현 능력과는 다르다. 타인에 대한 비판은 자칫 상대방의 분노를 불러일으킬 수 있다. 비판을 해야 하는 상황이라면, 상대의 장점을 칭찬한 후에 비판적 이야기를 꺼내는 것도 방법이다. 칭찬을 듣고 나면 안 좋은 소리를 듣기가 훨씬 편해지기 때문이다(Carnegie, 2006). 주장력은 사적인 대화보다는 토

론이나 회의 등 공적인 상황에서 더 중요하다.

정서적 요소

- 지지(Supportiveness): 타인에게 정서적 지지를 표현하는 능력이다. 개인의 정서적 욕구를 직접적으로 충족시키는 대화 형태의 도움이다. 사랑, 신뢰, 돌봄, 감정이입을 통해 정서적 지지를 주고받는다. 친구 간의 우정을 쌓는 데 지지 능력은 무엇보다 중요하다(Buhrmeter, et al., 1988). 정서적 지지와 자기효능감(어떤 일을 할 수 있다는 믿음 또는 자신감)은 밀접한 상관성을 갖는다. 부모나 친구로부터 지지를 많이 받는 청소년은 자기효능감이 높다는 것이 학계의 공통된 결론이다(전혜경 외, 2012).
- 공감·감정이입(Empathy): 타인의 감정을 공유할 수 있는 능력을 지칭한다. 타인의 내적 상태에 정서적으로 반응할 수 있고, 타인의 관점을 이해하는 능력이다. 공감은 정서적 지지와 중복되는 측면이 강하다. 공감을 해야만 정서적 지지가 가능해지고, 공감이 정서적 지지를 제공하는 수단이기 때문이다. 이런 점에서 루빈과 마틴이 제시한 커뮤니케이션 능력의 10개 항목은 좀 더 축약해도 무방할 듯하다.
- 사회적 긴장 완화(Social Relaxation): 일상적인 의사소

통을 할 때 불안감이나 걱정, 긴장감 없이 편안하게 대화에 임할 수 있는 능력이다. 상대가 부정적 감정을 표시해도 스트레스를 받지 않고 대응할 수 있는 정신 상태다. 다른 사람과 만나 편안하게 대화하는 것이 휴식을 취하는 것이라고 생각한다면 사회적 긴장 완화가 잘 되는 사람에 해당한다. 전체 인구의 약 20%가 커뮤니케이션에 대한 불안감을 가지는 것과 대조되는 측면이다 (Penley, et al., 1991).

관계적 요소

- 상호작용 통제(Interaction Management): 일상적 대화 과정을 조정하고 주도해 가는 능력을 일컫는다. 이야기할 주제를 정하는 것, 말하는 순서를 바꾸거나 대화의 시작과 끝을 통제하는 능력을 포함한다. 학자에 따라서는 '대화주도권', '관계주도권'이라고 부르기도 한다. 친구에게 무엇을 하자고 먼저 제안하거나, 약속을 잡기 위해 전화를 먼저 거는 사람, 처음 알게 된 사람에게 자신을 먼저 소개한다면 관계주도권이 큰 사람이다. 최근에 알게 된 지인과 관계를 발전시킬 때 이러한 능력이 특히 중요하게 작용한다(Buhrmeter, et al., 1988).
- 타인지향성(Alter-centrism): 타인에 대해 관심을 기울

이는 인지 능력이다. 남들이 무엇을 하는지, 어떻게 말하는지 경청하는 것도 포함된다. 타인과의 관계를 많이 의식한다는 점에서 관계적 측면이 강하다.

- 즉각적 반응(Immediacy): 커뮤니케이션 상황에서 상대방에게 즉각적이고 적절하게 반응하는 행동이다. 상대방이 질문을 하거나, 나의 의견을 구할 때 즉각적으로 대답하는 언어적 행동이다. 그밖에 개방된 자세와 몸짓, 즐거운 얼굴 표정, 직접적인 눈 맞춤과 같은 비언어적 행동도 포함한다. 상대가 화가 났거나 대답을 기다리는 상황에서 즉각적 대답을 미루면 감정은 더 나빠진다. 즉각적 반응은 원만한 대화를 이끈다는 점에서 중요하다(McKay, et al., 1999).

- 환경 통제(Environmental Control): 계획한 목표와 욕구를 달성하기 위한 개인의 능력이다. 갈등적 상황을 해결하고, 협조적 분위기 속에서 문제를 해결하는 능력이다. 타인에게서 협조를 이끌어 내는 데 유리하다. 학자에 따라서는 이것을 '갈등 해결 능력'이라고 부르기도 한다. 생각과 이해관계가 다른 사람을 상대로 원만하게 대화하여 입장을 조율하거나, 협상을 성공적으로 이끄는 능력이다.

한편 허경호(2003)는 커뮤니케이션 능력이 문화적 특성에 따라 달라진다는 전제에서, 국내 환경에 맞는 커뮤니케이션 능력 요소를 도출하려 했다. 루빈과 마틴의 10개 항목 중 타인지향성과 환경통제를 제외한 8개 항목에 7개 항목을 추가했다. 대화 집중력, 커뮤니케이션 효율성, 사회적 적절성, 대화의 일관성, 의도 간파, 즉시성, 반응성, 잡음통제력을 추가해서 15개 항목을 분석한 결과, 즉시성과 반응성이 중복되는 개념으로 나타났다.

참고문헌

임승렬 · 남연정 · 김정림(2014). 유아 의사소통능력 측정척도의 개발 및 타당화 연구. ≪유아교육학논집≫, 18(5), 53~77.

전혜경 · 김병석 · 김재철 · 최희철(2012). 아버지의 역할수행과 청소년의 자기효능감 간의 관계에 미치는 의사소통과 사회적 지지의 매개효과. ≪상담학연구≫, 13권 3호, 1233~1252.

허경호(2003). 포괄적 대인 의사소통 능력 척도개발 및 타당성 검증. ≪한국언론학보≫, 47권 6호, 380~408.

Buhrmeter, D., Furman, W., Wittenberg, M. T., & Reis, H. T.(1988). Five Domains of Interpersonal Competence in Peer Relationships. *Journal of Personality and Social Psychology*, 55(6), 991~1008.

Carnegie, D.(2006). *How to Win Friends And Influence People*. 강성복 · 정택진 옮김(2006). 『인간관계론』. 리베르.

McKay, & M. et al.(1999). *Messages: The Communication skills Book*. 임철일 · 최정임 옮김(1999). 『효과적 의사소통을 위한

기술』. 커뮤니케이션북스.

Penley, L. E. et al.(1991). Communication Abilities of Managers: The Relationship to Performance. *Journal of Management, 17*(1), 57~76.

Rubin, R. B., & Martin, M. M.(1994). Development of a Measure of Interpersonal Communication Competence. *Communication Research Reports, 11*(1), 33~44.

강미선

선문대학교 미디어커뮤니케이션학과 교수다. 고려대학교 신문방송학과에서 학사, 석사, 박사를 취득했다. 1990년부터 1997년까지 한국방송광고공사 광고연구소에서 근무했다. 2001년 박사 취득 후에는 한국언론진흥재단에서 연구위원으로 재직했다. 한국언론진흥재단 근무를 계기로 신문광고에 대한 연구를 활발하게 전개했다. 『사례 중심의 광고기획론』(2014), 『신문광고론』(2010), 『위기의 한국신문』(공저, 2003), 『신문광고 효과와 광고기획 전략』(공저, 2002), 『신문광고와 텔레비전광고 효과 비교』(2001), 『신문광고 개선 방안』(2001)을 집필했다.